U0637880

中国社会科学院国情调研特大项目"精准扶贫精准脱贫百村调研"

精准扶贫精准脱贫百村调研丛书

CASE STUDIES OF TARGETED POVERTY REDUCTION AND
ALLEVIATION IN 100 VILLAGES

李培林／主编

精准扶贫精准脱贫
百村调研·双台村卷

社会扶助下的产业脱贫之路

杜　鑫　王昌海／著

社会科学文献出版社
SOCIAL SCIENCES ACADEMIC PRESS (CHINA)

"精准扶贫精准脱贫百村调研丛书"
编　委　会

主　编：李培林

副主编：马　援　魏后凯　陈光金

成　员：（按姓氏笔画排序）

王子豪　王延中　李　平　张　平　张　翼

张车伟　荆林波　谢寿光　潘家华

中国社会科学院国情调研特大项目
"精准扶贫精准脱贫百村调研"
项目协调办公室

主　任：王子豪

成　员：檀学文　刁鹏飞　闫　珺　田　甜　曲海燕

总　序

　　调查研究是党的优良传统和作风。在党中央领导下，中国社会科学院一贯秉持理论联系实际的学风，并具有开展国情调研的深厚传统。1988 年，中国社会科学院与全国社会科学界一起开展了百县市经济社会调查，并被列为"七五"和"八五"国家哲学社会科学重点课题，出版了《中国国情丛书——百县市经济社会调查》。1998 年，国情调研视野从中观走向微观，由国家社科基金批准百村经济社会调查"九五"重点项目，出版了《中国国情丛书——百村经济社会调查》。2006 年，中国社会科学院全面启动国情调研工作，先后组织实施了 1000 余项国情调研项目，与地方合作设立院级国情调研基地 12 个、所级国情调研基地 59 个。国情调研很好地践行了理论联系实际、实践是检验真理的唯一标准的马克思主义认识论和学风，为发挥中国社会科学院思想库和智囊团作用做出了重要贡献。

党的十八大以来，在全面建成小康社会目标指引下，中央提出了到2020年实现我国现行标准下农村贫困人口脱贫、贫困县全部"摘帽"、解决区域性整体贫困的脱贫攻坚目标。中国的减贫成就举世瞩目，如此宏大的脱贫目标世所罕见。到2020年实现全面精准脱贫是党的十九大提出的三大攻坚战之一，是重大的社会目标和政治任务，中国的贫困地区在此期间也将发生翻天覆地的变化，而变化的过程注定不会一帆风顺或云淡风轻。记录这个伟大的过程，总结解决这个世界性难题的经验，为完成这个攻坚战献计献策，是社会科学工作者应有的责任担当。

2016年，中国社会科学院根据中央做出的"打赢脱贫攻坚战"战略部署，决定设立"精准扶贫精准脱贫百村调研"国情调研特大项目，集中优势人力、物力，以精准扶贫为主题，集中两年时间，开展贫困村百村调研。"精准扶贫精准脱贫百村调研"是中国社会科学院国情调研重大工程，有统一的样本村选择标准和广泛的地域分布，有明确的调研目标和统一的调研进度安排。调研的104个样本村，西部、中部和东部地区的比例分别为 57%、27% 和 16%，对民族地区、边境地区、片区、深度贫困地区都有专门的考虑，有望对全国贫困村有基本的代表性，对当前中国农村贫困状况和减贫、发展状况有一个横断面式的全景展示。

在以习近平同志为核心的党中央坚强领导下，党的十八大以来的中国特色社会主义实践引导中国进入中国特色社会主义新时代，我国经济社会格局正在发生深刻变化，脱贫攻坚行动顺利推进，每年实现贫困人口脱贫 1000 多万人，贫困人口从 2012 年的 9899 万人减少到 2017 年的 3046 万人，在较短时间内实现了贫困村面貌的巨大改观。中国社会科学院组建了一百支调研团队，动员了不少于 500 名科研人员的调研队伍，付出了不少于 3000 个工作日，用脚步、笔尖和镜头记录了百余个贫困村在近年来发生的巨大变化。

根据规划，每个贫困村子课题组不仅要为总课题组提供数据，还要撰写和出版村庄调研报告，这就是呈现在读者面前的"精准扶贫精准脱贫百村调研丛书"。为了达到了解国情的基本目的，总课题组拟定了调研提纲和问卷，要求各村调研都要执行基本的"规定动作"和因村而异的"自选动作"，了解和写出每个村的特色，写出脱贫路上的风采以及荆棘！对每部报告我们都组织了专家评审，由作者根据修改意见进行修改，直到达到出版要求。我们希望，这套丛书的出版能为脱贫攻坚大业写下浓重的一笔。

中共十九大的胜利召开，确立习近平新时代中国特色社会主义思想作为各项工作的指导思想，宣告中国特色社会主义进入新时代，中央做出了社会主要矛盾转化的重大判断。从现在起到2020年，既是全面建成小康社会的决胜期，也是迈向第二个百年奋斗目标的历史交会期。在此期间，国家强调坚决打好防范化解重大风险、精准脱贫、污染防治三大攻坚战。2018年春节前夕，习近平总书记到深度贫困的四川凉山地区考察，就打好精准脱贫攻坚战提出八条要求，并通过脱贫攻坚三年行动计划加以推进。与此同时，为应对我国乡村发展不平衡不充分尤其突出的问题，国家适时启动了乡村振兴战略，要求到2020年乡村振兴取得重要进展，做好实施乡村振兴战略与打好精准脱贫攻坚战的有机衔接。通过调研，我们也发现，很多地方已经在实际工作中将脱贫攻坚与美丽乡村建设、城乡发展一体化结合在一起开展。可以预见，贫困地区的脱贫攻坚将不再只局限于贫困户脱贫，我们有充分的信心从贫困村发展看到乡村振兴的曙光和未来。

是为序！

全国人民代表大会社会建设委员会副主任委员

中国社会科学院副院长、学部委员

2018 年 10 月

前　言

　　为及时了解和展示我国当前处于脱贫攻坚战最前沿的贫困村的贫困状况、脱贫动态和社会经济发展趋势，从村庄脱贫实践中总结我国当前精准扶贫和精准脱贫的经验教训，进一步为推进精准脱贫事业提供经验和政策借鉴，2016年秋，中国社会科学院组织实施了国情调研特大项目"精准扶贫精准脱贫百村调研"，对全国范围内兼具代表性和典型性的100个贫困村开展村庄国情调研。2016年11月30日，中国社会科学院国情调研特大项目"精准扶贫精准脱贫百村调研"子课题"河北省大名县双台村"获得立项批准。在国务院发展研究中心驻河北省大名县扶贫工作队的帮助下，2017年8月13日至18日，课题组在河北省大名县双台村开展了扶贫工作调研。调研期间，课题组与国务院发展研究中心派驻双台村扶贫工作队员、双台村干部、农民群众就脱贫工作促膝交谈，同时填写了

91 份农户调查问卷、1 份行政村调查问卷，获得了较为详尽的基层生产生活与扶贫工作资料。

在调研工作结束之后，课题组成员开展了调研工作资料整理、调查数据清理分析的工作，据此开始了调研报告的撰写工作。迄今，调研报告已得以完成。值得指出的是，由于调研不够充分，课题组对基层扶贫工作的掌握和理解依然存在不完整、不准确之处，加之课题报告撰写人自身水平有限，该调研报告尚不足以全面准确地反映河北省大名县及双台村精准扶贫精准脱贫工作所取得的成就及其存在的问题，希望各位专家学者、相关部门和单位批评指正。

目　录

第一章

大名县概况

第一节 自然地理概况

河北省大名县为古代大名府所在地，位于河北省东南部，冀鲁豫三省交界处，东与山东省冠县、莘县毗邻，南与河南省南乐县相连，西与魏县交界，西北与广平县为邻，北与馆陶县相接。东西长 45.45 公里，南北宽 37.58 公里。县政府驻地大名镇，北距省会石家庄 247 公里，西北距邯郸市 73 公里，西南距河南省安阳市 92 公里，南距河南省濮阳市 75 公里，东距山东省聊城市 92 公里，东北距山东省临清市

101 公里。

大名县总面积为 1053.88 平方公里，即土地总面积 1580828.1 亩。其中耕地 1146296.1 亩，占土地总面积的 72.5%；园地 63986.7 亩，占土地总面积的 4.05%；林地 87745.5 亩，占土地总面积的 5.55%；其他农用地 55105.1 亩，占土地总面积的 3.49%；居民点及工矿用地 183435.6 亩，占土地总面积的 11.61%；交通用地 8687.4 亩，占土地总面积的 0.55%；水利设施用地 7740.7 亩，占土地总面积的 0.49%；未利用土地 14282.3 亩，占土地总面积的 0.9%；其他土地 13548.4 亩，占土地总面积的 0.86%。

大名县属温带半湿润大陆性季风气候区，总的气候特点是：四季分明，气候温和，光照充足，雨量适中，雨季同季，无霜期长，干寒同期，即春季干燥多风，夏季炎热多雨，秋季凉爽宜人，冬季寒冷少雪。全年的主导风向为南风，其次是北风，出现东风、西风的机会较少。大名县历年平均降水量为 504.9mm。全年降水主要集中在 6~8 月，平均降水量为 307.1mm；冬季 12~2 月降水稀少，以雪为主，平均为 16.1mm；而春、秋两季的降水量变化较大且不稳定。年降水量在 300~800mm 的，占 85.2%。降水频率在 83% 以上的降水量在 700mm 以下，降水频率在 73% 以上的降水量在 400mm 以上。

大名县地貌以平原为主，兼有部分沙丘。大名县坐落于华北平原南端，属掩埋古河道的壤质土冲积平原。海拔最高点是王村乡田固村，为 49.29 米，最低点是漳、卫河汇流处南侧 39.8 米，高差 9.49 米；坡降比约为 1∶4000。以卫河为界，卫西为漳河冲积扇的边缘，土质黏重。卫东是由黄河冲积物形成的，土质以沙为主。大名县因为是河流冲积平原，所以大平小不平，微地貌复杂，但平原是构成大名地貌的主体，占总面积的 90% 以上。沙丘主要分布在黄河故道，龙王庙、北峰、张铁集等乡镇较多，其中三角店、曹任村、魏任村、大龙、小龙、前沙河路、后沙河路、刘万税等村以及卫河东边黄河故道上的沙丘较为集中，而且高大，沙丘一般高 2~7 米，总面积 3.5 万亩。

大名物产丰美，资源富庶，盛产小麦、玉米、花生。面粉、花生、香油三大传统产业提档升级。"全国粮食生产先进县""全国食品工业强县""国家级农产品加工示范基地""国家级农业产业化示范基地""中国花生之乡""中国小磨香油之乡"等充沛的农业资源，为食品加工企业奠定了坚实的原材料基础。

图1-1　大名县大名府城墙

（课题组拍摄，2017年8月）

说明：本书照片，除特殊说明外，均由课题组拍摄。

第二节　经济发展概况

图1-2为2016年大名县与河北省、全国人均地区（国内）生产总值的比较。从图1-2中可以看出，2016年，大名县、河北省和全国的人均地区（国内）

生产总值分别为 14677 元、43062 元和 53980 元,大名县人均地区生产总值与河北省和与全国相比,相差甚大,仅相当于河北省的 34%、全国的 27%。

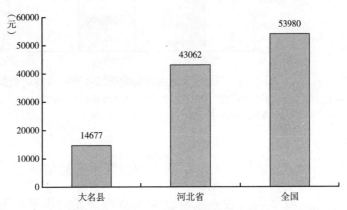

图1-2　2016 年大名县、河北省与全国人均地区(国内)生产总值

资料来源:邯郸市统计局、国家统计局邯郸调查队:《邯郸统计年鉴 2017》,中国统计出版社,2017;国家统计局:《中国统计年鉴 2017》,中国统计出版社,2017。

图 1-3 显示了大名县与河北省、全国的城乡居民人均可支配收入。根据图 1-3,2016 年,大名县城镇和农村居民人均可支配收入分别为 24153 元、10821元,河北省城镇和农村居民人均可支配收入分别为 28249 元、11919 元,全国城镇和农村居民人均可支配收入分别为 33616 元、12363 元。大名县城镇和农村居民人均可支配收入分别相当于河北省的 85.5% 和 90.8%、全国平均水平的 71.8%、87.5%。

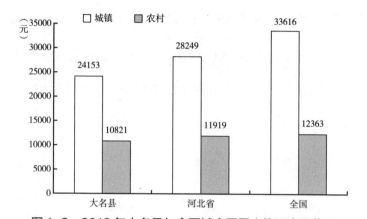

图1-3　2016年大名县与全国城乡居民人均可支配收入

资料来源：邯郸市统计局、国家统计局邯郸调查队：《邯郸统计年鉴2017》，中国统计出版社，2017；国家统计局：《中国统计年鉴2017》，中国统计出版社，2017。

　　显然，无论是从人均地区生产总值来看，还是从城乡居民收入来看，大名县经济发展水平均低于河北省平均水平，更低于全国平均水平，面临着赶超全省乃至全国经济发展水平的艰巨任务。

　　截至2016年末，全县总户数为216572户，总人口93万人。2016年，全县财政收入6.2亿元，地方一般预算收入3.8亿元，固定资产投资181.3亿元，社会消费品零售总额77.9亿元。截至2006年底，全县公路通车里程已达1119.739公里，其中按行政等级分：国道1条32.38公里，省道2条72.242公里，专用道2条10.654公里，县道3条65.107公里，乡道447.178公里，村道492.178公里；按技术等级分，一级公路 5 公里，二级公路 132.276 公里，三级公路 251.457 公里，四级公路 731.006 公里，全县共有桥梁 33 座 /3017.5 延米。

第三节　大名县农村贫困状况与扶贫工作

大名县 1990 年被河北省政府确定为省重点贫困县，1994 年被国务院确定为国家贫困县，也是 2012 年 3 月国务院扶贫开发领导小组办公室确定的 592 个国家扶贫开发工作重点县之一。截至 2016 年初，全县仍有贫困人口 29259 户 5.97 万人，涉及 20 个乡镇、159 个重点村。大名县计划 2016 年脱贫 2.15 万人、2017 年脱贫 2.39 万人、2018 年脱贫 1.43 万人，通过三年集中攻坚使现有贫困人口全部脱贫。为实现既定脱贫攻坚目标，大名县采取了以下扶贫工作措施。

第一，分类施策，精准扶贫。在全县 5.97 万贫困人口中，无劳动能力的约有 1.2 万人，有劳动能力但缺乏致富门路的约有 4.77 万人。针对 1.2 万名无劳动能力的贫困人口，大名县主要通过教育救助、医疗补贴、对口帮扶、低保兜底等"四个一批"来保障其实现脱贫。针对 4.77 万名有劳动能力但缺乏致富门路的贫困人口，大名县立足实际，推出了特色种植、特色养殖、家庭手工、企业安置、外出务工、乡村旅游、电子商务、新能源等八个产业，让贫困户对号入座，确保户户有增收项目、人人有脱贫门路，通过发展产业实现脱贫致富。

第二，充分发挥财政资金增信作用。大名县成立了以县级财政资金为主导、不以营利为目的的政策性扶贫担保机构和融资平台，破解贫困户、扶贫龙头企业抵押难、担保难问题。具体来说，有以下工作内容。

（1）扶贫担保公司。大名县财政出资 1000 万元，成立了政府独资的大名县扶贫担保公司，为建档立卡贫困户、与扶贫开发有利益连接的家庭农场、农民专业合作组织、扶贫龙头企业、扶贫基础设施建设项目、扶贫产业项目等提供融资性担保。

（2）绿美城乡投资公司。大名县政府注册资金 1000 万元，成立了大名县绿美城乡建设投资开发有限公司，通过资产划拨、土地招拍挂等程序装入资产，为贫困村基础设施建设、美丽乡村建设、易地扶贫搬迁等提供融资服务。

（3）金桥帮扶贷款。大名县政府投入 2000 万元，吸收社会资本 8000 万元，注册成立了大名县金桥股权投资基金管理有限公司，为贷款周转期的扶贫龙头企业提供短期周转贷款，降低贷款周转期资金链断裂风险。

（4）自立服务社。大名县依托中国扶贫基金会和河北省扶贫办，注册成立了农户自立服务社，由县财政每年向扶贫基金会缴纳相关费用 100 万元，在每个乡镇设立自立服务社分支机构，向"五户连保"的农村贫困妇女提供 1 年期、不超过 8000 元的小额贷款，解决农村贫困妇女抵押难、担保难、贷款难的问题。

第三，持续深化政银合作成果。由县级财政出资成立风险补偿基金，合作银行按一定比例放大后用于发放各类扶贫贷款。具体来说，有以下工作内容。

（1）"金扶通"贷款。大名县与中国邮政储蓄银行大名支行签订合作协议，由县政府出资 1000 万元成立扶贫担保基金，银行按照 1∶5 的比例放大后，向建档立卡贫困户发放 1 年期、不超过 5 万元的小额贷款。

（2）"双基"信用贷款。大名县扶贫办、农工委与县农信社共同合作，推出以农村基层党组织和基层农信社为实施主体的"双基"信用贷款，为县内建档立卡贫困户量身定制了"致富宝"业务，对建档立卡贫困户进行评级授信，并根据授信额度向有贷款需求的贫困户提供最高不超过 5 万元、期限不超过 3 年的小额贷款。

（3）"金财通"贷款。大名县政府投入风险金500 万元，由邯郸银行按照 1∶8 的比例放大后，向积极参与扶贫开发的农业产业化龙头企业发放 1 年期、500 万元以下的流动资金贷款。

（4）"助保贷"贷款。大名县政府投入风险金1000 万元，由中国建设银行按照 1∶10 的比例放大后，向"小微企业池"中扶贫带动作用明显的小微企业发放 1 年期、500 万元以下的贷款。作为增信条件，申请贷款企业需提供担保，并缴纳一定比例的助保金。

（5）科技贷款。邯郸市政府出资 4800 万元成立科技贷款风险基金池，大名县政府出资 100 万元投入风险基金池，中国邮政储蓄银行邯郸市分行按照 1∶5 的比例放大后，向扶贫带动作用明显的科技型中小企业提供 1 年期、不超过 300 万元的流动资金暨技术改造贷款。

（6）"政银保"贷款。大名县积极探索"政府、银行、保险公司"三方合作融资模式，由县政府与中国邮政储蓄银行大名支行、太平洋保险公司共同合作推出"政银保"贷款。县财政出资1000万元成立风险基金，由邮储银行按照1：5的比例放大后，向贫困户提供1~3年期、不超过10万元的小额贷款；向家庭农场、农民专业合作社、扶贫龙头企业等提供1~3年期、不超过30万元的小额贷款。放贷前，贷款方必须购买合作保险公司的贷款保证保险，贷款发生损失时，由风险基金、合作银行、合作保险公司按照约定比例承担。

第四，引导社会资本投入扶贫事业。大名县加强与国内知名企业合作，采取"政府＋知名企业＋贫困户"的合作模式，使知名企业落户大名，主动参与扶贫开发。具体来说，有以下工作内容。

（1）辣椒洋葱连作种植项目。2016年，在大名县扶贫办的努力下，安徽亳州椒业集团与河北辰阳农业有限公司达成合作，共同在大名县实施辣椒和洋葱连作项目。在这一项目中，每户贫困户有2亩农田进行辣椒洋葱连作种植，大名县财政扶贫资金提供成本，公司提供技术指导并保底回收，每户年收入可达1.5万元，这个项目可至少带动1200户贫困户脱贫。

（2）"小优鸡"扶贫项目。该项目由北京市华都峪口禽业有限责任公司、大名县绿美城乡建设投资开发有限公司、第三方公司合作共同投资，大名县政府投入2000万元，撬动华都峪口2.5亿元的扶贫项目落户大名。项目全部投产后，通过"公司+基地+贫困户"和"入股分红"等利益联结机制，预计可示范带动20个贫困村3300个建档立卡贫困户实现稳定脱贫。

（3）民生保险项目。大名县充分发挥保险机构在脱贫攻坚中的兜底作用，由县政府与县人保财险公司合作，制定了《对贫困户实施政府救助"民生保险"业务的实施方案》，由县财政投入60万元为全县31112个建档立卡贫困户购买了"民生保险"，每户最高赔付额度5.5万元，对贫困户家庭财产和人身安全损失进行托底保障。

第二章

双台村经济社会发展状况

第一节　双台村概况

　　本报告的调查村——双台村，位于河北省邯郸市大名县大街镇。双台村地处大街镇中心北侧偏东，距离镇政府仅有 1 公里；位于县城大名县东北侧，距离县城仅有 7 公里；北有邯大高速（邯郸至大名）经过，东有 106 国道（北京至广州），交通方便。

　　双台村村域面积 2.4 平方公里，约合 3600 亩。全村共有自然村 1 个、村民小组 8 个。该村是历史形成的村落，没有经历过行政村合并，为省级贫困村。双台村以农业为主，现有耕地面积 3200 亩，畜禽饲养地面积 2 亩，主要农作物包括小麦、玉米、花生等。

截至 2016 年底，全村总人口为 1736 人，常住人口 1850 人，所有人都是本地居民，没有外来人口。村里居民以汉族为主，全村建档立卡贫困人口 228 人，实际贫困人口 150 人，实际贫困率 8.64%；低保人口 57 人，五保人口 3 人。双台村是国务院发展研究中心的对口帮扶贫困村，后者派驻扶贫工作队员指导双台村开展脱贫工作。

在全村 2016 年人口中，劳动力数量仅有 300 人，劳动力仅占总人口数的 17.28%。2016 年末，全国就业人员占总人口的 56.12%，劳动年龄（16~65 周岁）人口占总人口的比例为 65.6%。[①] 相比之下，双台村劳动力所占比例较低。

在双台村的劳动力人口中，许多人到外面打工。按外出时间分类，外出半年以内劳动力 100 人，外出半年以上劳动力 50 人。按外出地点分类，外出到省内县外劳动力 40 人，外出到省外劳动力 20 人。外出人员从事主要行业有三个，第一是建筑业，第二是居民服务、修理和其他服务业，第三是交通运输、仓

① 资料来源：http://www.stats.gov.cn/tjsj/zxfb/201702/t20170228_1467424.html。

储和邮政业。在外出务工的人员中，他们有些人在外面打工，也兼顾家里的农业生产，定期回家务农的外出劳动力人数 100 人。外出务工人员中途返乡人数 20 人。

2016 年双台村人口中文盲、半文盲人口数达到 100 人，初中毕业未升学的新成长劳动力 15 人，高中毕业未升学的新成长劳动力 10 人，上述情况说明，双台村人口教育水平还有待提高。

第二节　抽样调查及样本介绍

中国社会科学院国情调研特大项目"精准扶贫精准脱贫百村调研"子课题"河北省大名县双屯村"课题组（简称"课题组"）于 2017 年 8 月 13~18 日在河北省大名县大街镇双台村开展了农村调研。此次村庄调研的主要内容包括村庄基本状况、贫困状况及其演变、贫困的成因、减贫历程和成效、脱贫和发展思路及建议等。

图 2-1　课题组农村问卷调查

　　如果不考虑住户样本对全村贫困程度的代表性，那么理想的抽样方案是对村内所有住户进行完全随机、等距、分组抽样。受样本量限制，这样的抽样方案很难满足对村内贫困户的代表性。因此，为了同时具备对村内所有住户以及贫困户的代表性，课题组采用了以下抽样方法。首先，将村内住户分为建档立卡户和非建档立卡户，分别作为抽样框。其次，对这两组抽样框采取随机抽样方法。综合考虑样本代表性和调查工作量，课题组调查了 91 户，包括 41 个建档立卡户和 50 个非建档立卡户，分别占全部住户样本的45.05% 和 54.95%。其中，建档立卡户包括一般贫困户、低保户、低保贫困户三种类型，分别为 26 个、7

个、8个，分别占全部住户样本的28.57%、7.69%、8.79%。[①]抽样调查所得到的全部住户样本的类型分布如表2-1所示。

表2-1　调查住户样本类型

住户样本类型	住户（个）	户数比例（%）	人口（人）	人口比例（%）
建档立卡户	41	45.05	176	46.93
一般贫困户	26	28.57	114	30.40
低保户	7	7.69	29	7.73
低保贫困户	8	8.79	33	8.80
非建档立卡户	50	54.95	199	53.07
全部住户样本	91	100	375	100

说明：本书图表，除特别标注外，均来自双台村调研。

资料来源：精准扶贫精准脱贫百村调研双台村调研。

第三节　农户家庭人口特征

课题组在问卷调查中对住户询问了多方面情况，本节主要介绍受访户家庭成员的六项人口特征，包括

---

① 建档立卡户包括五种类型：一般贫困户、低保户、低保贫困户、五保户、脱贫户。非建档立卡户包括两种类型：非贫困户、建档立卡调出户。课题组在双台村开展抽样调查时，考虑到五保户、脱贫户、建档立卡调出户的户数和人口非常少，没有对其进行抽样，仅对户数和人口较多的一般贫困户、低保户、低保贫困户和非贫困户进行了抽样。

性别、出生年月、民族、文化程度、婚姻状况、主要社会身份。这6个问题都是单项选择题，统计结果如表2-2所示。

表2-2显示，在所有的村民样本中，人口总数375人，每户平均4.12人。受访户总人口占该村人口的21.60%。人口样本以男性、年龄在61周岁及以上、汉族、初中文化程度、已婚、普通农民为主。同时，本书把文化程度折算成受教育年限，成为连续性变量，统计性描述如表2-4所示。

从表2-2可以看出，双台村村民样本主要具有以下六个特点。

第一，男女人数相近。在375个人口样本中，男性189人，女性186人，分别占50.40%和49.60%。

第二，人口样本几乎是汉族。全部住户样本中没有少数民族户，在375个村民样本中，仅有2个村民是少数民族，这与全村统计数据基本一致。

第三，人口样本平均年龄为38.07岁。年轻人（30周岁及以下）以及老年人（61周岁及以上）较多，中壮年人口样本（31~60周岁）较少。

第四，大部分人口样本为已婚。没有离异人员，婚姻正常，家庭较为稳定。

第五，人口样本的文化程度以初中为主，其次为小学与没有上过学（文盲），高中及以上较少。平均受教育年限为 7.28 年，介于小学毕业到初中毕业之间。

第六，人口样本社会身份大多为普通农民，村干部、离退休干部职工以及教师医生很少。

表 2-2　双台村人口样本个人特征

单位：人，%

特征	类别	各分类人口数	各分类人口占全部人口样本的比例	各分类建档立卡户人口数	各分类建档立卡户人口占全部建档立卡户人口的比例	各分类非建档立卡户人口数	各分类非建档立卡户人口占全部非建档立卡户人口的比例
性别	男	189	50.40	87	49.43	102	51.26
	女	186	49.60	89	50.57	97	48.74
年龄	30 周岁及以下	160	42.67	76	43.18	84	42.21
	31~45 周岁	54	14.40	24	13.64	30	15.08
	46~60 周岁	80	21.33	36	20.45	44	22.11
	61 周岁及以上	81	21.60	40	22.73	41	20.60
民族	汉族	373	99.47	174	98.86	199	100.00
	少数民族	2	0.53	2	1.14	0	0.00
文化程度	文盲	35	9.33	19	12.50	16	9.64
	小学	105	28.00	61	40.13	44	26.51
	初中	153	40.80	65	42.76	88	53.01
	高中	20	5.33	7	4.61	13	7.83
	中专（职高技校）	3	0.80	0	0.00	3	1.81
	大专及以上	2	0.53	0	0.00	2	1.20

特征	类别	各分类人口数	各分类人口占全部人口样本的比例	各分类建档立卡户人口数	各分类建档立卡户人口占全部建档立卡户人口的比例	各分类非建档立卡户人口数	各分类非建档立卡户人口占全部非建档立卡户人口的比例
婚姻状况	已婚	241	64.27	111	63.07	130	65.33
	未婚	117	31.20	58	32.95	59	29.65
	离异	0	0	0	0	0	0
	丧偶	17	4.53	7	3.98	10	5.03
	同居	0	0	0	0	0	0
主要社会身份	村干部	1	0.27	0	0	1	0.50
	离退休干部职工	3	0.80	0	0	3	1.51
	教师医生	2	0.53	0	0	2	1.01
	村民代表	1	0.27	0	0	1	0.50
	普通农民	344	91.73	164	93.18	180	90.45
	其他	24	6.40	12	6.82	12	6.03

注：在表中所列问题中，文化程度的回答者共有318人，其他问题的回答者均为375人。

表2-3和表2-4分别列出了全部村民样本的年龄与受教育年限的描述统计结果。对比建档立卡户和非建档立卡户的情况，年龄、性别、民族、婚姻状况等多方面情况没有明显的差异，但是有两个方面存在较为明显的差异。第一，非贫困人群的文化程度显著高于贫困人群。对两组人群的受教育年限做t检验，发现两者之间均值有显著差异（P值=0.0105），两者的均值差距为0.9年。第二，主要社会身份有所差异，

贫困人群绝大部分是普通农民。相比之下，非贫困人群除了绝大部分是普通农民以外，还包括财政供养人员（村干部、离退休干部职工以及教师医生），这是贫困人群所没有的。从这个角度看，没有发现建档立卡工作中存在不公平的成分。

表2-3　人口样本年龄的描述统计

单位：人，岁

人口样本类别	样本量	最小值	最大值	均值	标准差
全部人口样本	375	0.67	88.33	38.07	23.71
建档立卡户人口样本	176	0.67	82.75	38.23	24.56
非建档立卡户人口样本	199	0.75	88.33	37.94	22.98

注：年龄为出生年月至2017年8月时的实际年龄（精确到小数点后两位）。

表2-4　人口样本受教育年限的描述统计

单位：人，年

人口样本类别	样本量	最小值	最大值	均值	标准差
全部人口样本	318	0	16	7.28	3.15
建档立卡户人口样本	152	0	12	6.81	3.07
非建档立卡户人口样本	166	0	16	7.71	3.17

注：受教育年限以文化程度对应的大致受教育年限计算，即：文盲=0年，小学=6年，初中=9年，高中=12年，中专=12年，大专及以上=16年。

总之，从对村统计数据与户问卷调查进行的初步分析看，建档立卡户村民比非建档立卡户村民的受教育程度较低，住户成员基本上是普通村民，没有村干部、教师医生、村民代表等。除此之外，建档立卡户和非建档立卡户的住户成员没有其他显著差异。受教育程度是人力资本水平的重要体现，受教育程度差异无疑是非贫困户能够获得较高收入、建档立卡户收入水平较低的重要原因之一。

第四节　农户劳动力非农就业

在课题组的问卷调查中，设置了家庭成员"务工状况"和"务工时间"两个问题，对"务工状况"问题设置的选项为"①乡镇内务工；②乡镇外县内务工；③县外省内务工；④省外务工；⑤其他"，对"务工时间"问题设置的选项为"①3个月以下；②3~6个月；③6~12个月；④无"。根据课题组调查数据，本书将住户成员对"务工状况"的答案选择为"①乡镇内务工；②乡镇外县内务工；③县外省内务工；④省外务工"任何一项定义为该成员从事非农就业；进一步地，将从事非农就业并且对"务工时间"的答案选择为"③6~12个月"选项定义为该成员从事迁移就业或异地转移就业，从事非农就业并且对"务工时间"的答案选择为"①3个月以下；

②3~6个月"定义为该成员从事本地非农就业或就地转移就业。表2-5列出了双台村住户样本家庭成员从事非农就业的状况。

从表2-5可知，双台村全部住户样本劳动力平均人数为2.09人，其中从事非农就业的劳动力平均人数为0.82人，非农就业劳动力占住户劳动力的比例为36.92%；在从事非农就业的劳动力中，在本地从事非农就业的就地转移劳动力约0.22人，在本乡镇外从事非农就业的异地转移劳动力约0.60人，二者分别占住户劳动力人数的11.39%和25.53%。

建档立卡户与非建档立卡户相比较，建档立卡户不仅劳动力平均人数较少（建档立卡户劳动力平均人数1.90人，非建档立卡户劳动力平均人数2.24人），非农就业劳动力人数较少（建档立卡户非农就业劳动力平均人数0.63人，非建档立卡户非农就业劳动力平均人数0.98人），非农就业劳动力占住户劳动力的比例也比较低（建档立卡户非农就业劳动力人数占住户劳动力人数的28.65%，非建档立卡户非农就业劳动力人数占住户劳动力人数的42.55%）。建档立卡户非农就业劳动力中，就地转移劳动力人数约为0.22人，与非建档立卡户大体相等，但就地转移劳动力占住户劳动力的比例略低于非建档立卡户（建档立卡户就地转移劳动力人数占住户劳动力人数的10.16%，非建档立卡户就地转移劳动力人数占住户劳动力人数的12.23%）；异地转移劳动力人数及其占住户劳动力的比例都要低于非建档立卡户（建档立卡户异地转移劳动力平均人数0.41人，占住户劳动力人数的18.49%，而非建档立卡户异地转移劳动力平均人数0.76人，占住户劳动力人数的30.31%）。与此相反，非建档立卡户则劳动力平均人数较多，非农就业劳动力人数及其占住户劳动力的比例较大；在非建档立卡户非农就业劳动力中，异地转移劳动力人数及其占全部劳动力的比例均比较高。

在建档立卡户中，一般贫困户劳动力平均人数最高，约为2.15人；低保户劳动力平均人数约为1.43人，低保贫困户劳动力平均人数约为1.50人；一般贫困户和低保户非农就业劳动力人数基本相同，都是0.70人左右，低保贫困户劳动力人数最低，约为0.38人；在非农就业劳动力中，一般贫困户、低保户的就地转移劳动力和异地转移劳动力人数也都相差不大，低保贫困户的就地转移劳动力和异地转移劳动力人数依然都是最低的。与一般贫困户、低保户相比，低保贫困户呈现非农就业劳动力少、非农就业劳动力占住户劳动力比例低的特点。与一般贫困户、低保户、低保贫困户相比，非贫困户劳动力平均人数和非农就业劳动力平均人数均要高于前者，分别为2.39人和1.08人；在两种非农就业形式中，非贫困户异地转移劳动力显著高于前者，约为0.84人，而就地转移劳动力人数约为0.24人，与一般贫困户和低保户相近，但高于低保贫困户。简而言之，非贫困户呈现劳动力资源相对丰富、非农就业参与人数较多且异地转移就业人数较多的特点。

表2-5 2016年双台村住户样本劳动力非农就业状况

单位：人，%

住户样本类型	住户劳动力平均人数	非农就业劳动力平均人数	非农就业劳动力占住户劳动力比例	就地转移就业劳动力平均人数	就地转移就业劳动力占住户劳动力比例	异地转移就业劳动力平均人数	异地转移就业劳动力占住户劳动力比例
建档立卡户	1.90	0.63	28.65	0.22	10.16	0.41	18.49
一般贫困户	2.15	0.69	28.57	0.23	9.92	0.46	18.65
低保户	1.43	0.71	54.17	0.29	20.83	0.43	33.33
低保贫困户	1.50	0.38	14.29	0.13	4.76	0.25	9.52
非建档立卡户	2.24	0.98	42.55	0.22	12.23	0.76	30.31
非贫困户	2.39	1.08	42.13	0.24	12.50	0.84	29.63
全部住户样本	2.09	0.82	36.92	0.22	11.39	0.60	25.53

第五节　农户家庭收支状况

一　农户家庭收入水平

表 2-6 列出了双台村 2016 年住户样本的家庭收入水平及收入构成，图 2-2 画出了 2016 年双台村与大名县、河北省、全国及全国贫困地区农村居民平均收入水平的比较。下面根据表 2-6 和图 2-2，对双台村农户家庭收入水平进行分析。

2016 年，双台村全部住户样本的家庭人均纯收入约为 6113 元。从图 2-2 可以发现，2016 年双台村农村居民平均收入水平不仅低于大名县、河北省乃至全国的水平，也低于全国贫困地区农村居民平均收入水平，属于一个收入较低的贫困村。

就双台村内部各种类型农户来看，非建档立卡户家庭人均纯收入 6760.98 元，其中绝大多数的非贫困户家庭人均纯收入为 6749.35 元，建档立卡户家庭人均纯收入 5237.53 元，前者比后者高出大约 1500元。在建档立卡户中，低保贫困户家庭人均纯收入为 2467.44 元，低保户家庭人均纯收入为 5096.76 元，二者均低于一般贫困户的家庭人均纯收入 6289.63 元。从表 2-6 可以看出，即便是双台村非贫困户，其平均收入水平也要低于全国贫困地区农村居民平均收入水平，更低于全国农村居民平均收入水平；对于一般贫困户、低保户和低保贫困户来说，其平均收入水平都是更低于全国贫困地区农村居民，更远低于全国农村居民。

表2-6 2016年双台村住户样本的收入水平及收入构成

单位：元

收入构成	全部住户样本	建档立卡户	一般贫困户	低保户	低保贫困户	非建档立卡户	非贫困户
家庭人均纯收入	6113.08	5237.53	6289.63	5096.76	2467.44	6760.98	6749.35
工资性收入	2730.53	1901.16	2520.42	1773.81	0	3410.62	3435.03
家庭经营净收入	1444.56	897.28	1177.14	452.38	825.57	1782.6	2145.16
家庭农业经营净收入	1151.52	897.28	1177.14	452.38	825.57	1249.26	1443.4
家庭非农业经营净收入	293.04	0	0	0	0	533.33	701.75
财产性收入	9.29	2.09	0	0	10.71	15.2	20
转移性收入	1928.7	2437	2592.07	2870.57	1631.16	1552.56	1149.16
赡养性收入	343.81	577.87	752.01	571.44	26.2	184.01	228.96
低保金收入	111.04	240.13	0	652.38	659.85	5.2	6.84
养老金、离退休金收入	373.77	299.86	260.38	544.28	214.28	434.38	348.02
报销医疗费	946.41	1152.91	1443.27	809.52	582.29	785.34	377.89
礼金收入	5.72	12.87	20.6	0	0	0	0
补贴性收入（救济、农业及其他）	147.95	153.36	115.81	292.95	148.54	143.63	187.45

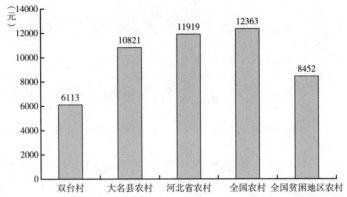

图2-2　2016年双台村、大名县、河北省、全国及全国贫困地区农村居民平均收入水平

资料来源：双台村住户样本收入数据来源于课题组问卷调查；大名县农村居民人均可支配收入数据来源于邯郸市统计局、国家统计局邯郸调查队编的《邯郸统计年鉴2017》；河北省、全国农村居民人均可支配收入数据来源于国家统计局编的《中国统计年鉴2017》；全国贫困地区农村居民人均可支配收入来源于国家统计局住户调查办公室编的《2017中国农村贫困监测报告》。

二　农户家庭收入构成

2016年，在双台村农户6113.08元的家庭人均纯收入中，工资性收入、家庭经营净收入、财产性收入、转移性收入分别是2730.53元、1444.56元、9.29元、1928.70元，工资性收入占比最高，约为44.7%；其次是转移性收入，约为31.6%；再次是家庭经营净收入，约为23.6%；财产性收入占比最低，约为0.2%。

图2-3为2016年双台村、河北省、全国及全国贫

困地区农村居民的收入构成对比。根据图2-3，在各项家庭收入来源中，双台村农户的转移性收入占比高达31.6%，这一比例远高于河北省和全国农村居民的水平，也高于全国贫困地区农村居民的水平；家庭经营净收入所占比例却低于河北省、全国乃至全国贫困地区农村居民；工资性收入所占比例低于河北省，但高于全国及全国贫困地区农村居民；财产性收入比例低于河北省、全国及全国贫困地区农村居民，但收入规模非常低，可以忽略不计。从这一比较可以看出，相对于河北省及全国农村居民来说，双台村农村居民自我发展能力较弱，其收入来源过多地依靠政府的转移性支出。

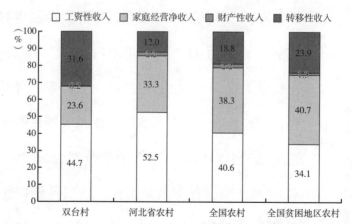

图2-3　2016年双台村、河北省、全国及全国贫困地区农村居民收入构成

资料来源：双台村住户样本收入数据来源于课题组问卷调查；河北省、全国农村居民人均可支配收入数据来源于国家统计局编的《中国统计年鉴2017》；全国贫困地区农村居民人均可支配收入来源于国家统计局住户调查办公室编的《2017中国农村贫困监测报告》。

图 2-4 为 2016 年双台村各类型农户与河北省、全国及全国贫困地区农村居民收入构成情况。就双台村内部各种类型农户来看，在建档立卡户 5237.53 元的家庭人均纯收入中，转移性收入高达 2437.00 元，约占 46.53%；其次是工资性收入 1901.16 元，约占 36.30%；家庭经营净收入水平较低，仅为 897.28 元，约占 17.13%，并且全部来源于家庭农业经营，家庭非农经营净收入为零；最后是财产性收入，约占 0.04%。在建档立卡户所包括的三种主要住户类型中，作为三种主要收入来源的工资性收入、家庭经营净收入和转移性收入在家庭总收入中所占的重要性呈现截然不同的特征。对一般贫困户来说，转移性收入和工资性收入为两大主要收入来源，所占比例也基本相等，分别为 41.2% 和 40.1%；家庭经营净收入占比较低，仅为 18.7%；财产性收入为零。对低保户来说，转移性收入占比最大，其次是工资性收入，最后是家庭经营净收入，三者依次分别为 56.3%、34.8% 和 8.9%。对低保贫困户来说，依旧是转移性收入占比最大，并且高达大约 66.1%；其次是家庭经营净收入，占比为 33.5%；工资性收入为零；与一般贫困户和低保户不同的是，低保贫困户拥有较低的财产性收

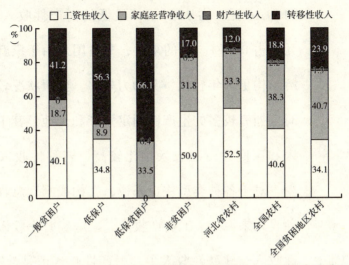

图 2-4　2016 年双台村各类型农户与河北省、全国及全国贫困
地区农村居民收入构成

资料来源：双台村住户样本收入数据来源于课题组问卷调查；河北省、全国农村居
民人均可支配收入数据来源于国家统计局编的《中国统计年鉴 2017》；全国贫困地区农
村居民人均可支配收入来源于国家统计局住户调查办公室编的《2017 中国农村贫困监
测报告》。

入，大约占家庭总收入的 0.4%。一般贫困户、低保

贫困户和低保户三类建档立卡户的收入构成之所以呈

现上述不同特征，主要是由于三类住户性质不同，其

家庭成员年龄构成、健康状况不同，从亲属获取赠

养性收入和从政府获取医疗费报销收入、低保金收

入、离退休收入、其他补贴收入等金额多少存在较

大差异。对于非建档立卡户中的非贫困户来说，在

其 6749.35 元的家庭人均纯收入中，最为重要的工资

性收入约 3435.03 元，占 50.89%；其次是家庭经营

净收入，约 2145.16 元，占 31.78%；转移性收入约

1149.16元，占17.03%；最低的财产性收入约为20元，占0.30%。总的来看，非贫困户由于家庭成员年龄结构更为年轻化，劳动力较多，健康状况较好，同时也拥有较多的生产性固定资产和土地，其工资性收入和家庭经营净收入均比较高，转移性收入相对较少。对于各种类型住户来说，在构成家庭总收入的四种收入来源——工资性收入、家庭经营净收入、财产性收入、转移性收入中，财产性收入都是数额最少、占比最小的收入来源，这也是由农村居民财产拥有量低、可转让性差等现实状况所决定的。

进一步考察双台村一般贫困户、低保户、低保贫困户、非贫困户家庭收入构成与河北省、全国及全国贫困地区农村住户家庭收入构成的差别，可以发现，双台村一般贫困户工资性收入所占比重低于河北省，高于全国贫困地区，但与全国农村水平大致相当；家庭经营净收入所占比重要低于河北省、全国乃至全国贫困地区；转移性收入所占比重远高于河北省、全国和全国贫困地区。低保户工资性收入所占比重与全国贫困地区相当，却低于河北省、全国农村水平；家庭经营净收入所占比重远低于河北省、全国和全国贫困地区；相比之下，转移性收入所占比重却远高于河北省、全国和全国贫困地区。低保贫困户的工资性收入为零，家庭经营净收入所占比重与河北省、全国和全国贫困地区大体相当，而转移性收入所占比重远高于河北省、全国和全国贫困地区。非贫困户工资性收入所占比重和家庭经营净收入所占比重与河北省大体相当，但工资性收入所占比重要高于全国及全国贫困地区，家庭经营净收入所占比重要低于全国及全国贫困地区；转移性收入所占比重高于河北省，但低于全国及全国贫困地区。

综上所述，与河北省、全国平均水平相比，双台村农户收入水平及收入构成主要呈现以下特征：总收入水平较低；总收入中工资性收入、家庭经营净收入占比低，转移性收入占比高；上述特征在建档立卡户中表现得尤其明显，非建档立卡户除收入水平较低外，收入构成情况与河北省和全国平均水平较为类似。一般来说，工资性收入和家庭经营净收入主要是农户依靠自身人力资本、物质资本等资源禀赋所获取的收入，其水平高低是农户自身资源禀赋大小和发展能力高低的反映。与全省和全国相比而言，双台村农户的工资性收入和家庭经营净收入的数额和比重均比较低，转移性收入占比却远高于河北省与全国水平，表明双台村农户自身人力资本、物质资本等资源禀赋相对缺乏，自主发展能力不足。

三 农户收入满意度

表 2-7 列出了双台村住户样本对收入水平的高低判断和收入满意度评价。下面根据表 2-7 对其进行分析。

首先来看双台村住户样本对自身收入水平高低的主观判断。从表 2-7 可以看出，在对本户收入水平高低的判断中，没有一个住户选择"较高"；选择"一般"和选择"较低"的住户比例基本相同，全部住户样本中大约有 45.05% 选择了"一般"，同样大约有 45.05% 选择了"较低"；选择其他选项的比例都不足 10%。根据上述选择结果可知，双台村住户样本近乎全部认为自身收入水平不高，其中超过一半的住户认为自身收入水平"较低"或"非常低"，将近一半的住户认为自身收入水平"一般"，认为自身收入水平"较高"的住户样本数量非常少。

对比建档立卡户和非建档立卡户对自身收入水平高低的主观判断可知，建档立卡户选择"一般"的比例为 51.22%，高于非建档立卡户这一选择的比例 40%；建档立卡户选择"较低"和"非常低"的比例之和为 48.78%，非建档立卡户选择"较低"和"非常低"的比例之和为 56%，前者比后者大约低 7 个百分点。从前文的表 2-6 可以知道，双台村建档立卡户家庭人均纯收入比非建档立卡户大约低 1500 元，但在对自身收入水平高低的判断上，建档立卡户选择"一般"的比例较高，选择"较低""非常低"的比例较低，然而，非建档立卡户选择"一般"的比例比较低，选择"较低""非常低"的比例却比较高。在双台村农户真实收入水平高低与主观收入高低判断之间出现了不一致的现象，或许表明了收入高低不同的建档立卡户和非建档立卡户对现实收入与期望收入之间差距的不同看法。

进一步地，在一般贫困户、低保贫困户、低保户和非贫困户之间，除低保户之外，其他各类型农户也大体呈现前述真实收入水平高低与主观收入高低判断之间的不一致现象。具体来说，在真实收入水平上，一般贫困户、低保贫困户、低保户都要低于非贫困户，但在对自身收入水平高低的判断上，非贫困户选择"一般"的比例较低，选择"较低""非常低"的比例较高，而一般贫困户、低保贫困户选择"一般"的比例比较高，选择"较低""非常低"的比例却比较低。只有低保户是个例外，其选择自身收入水平

"一般"的比例高于非贫困户，但其选择自身收入水平"较低""非常低"的比例与非贫困户基本相同。

再来看收入满意度评价。表2-7同时列出了双台村各类型住户样本的收入满意度评价。在对收入满意度的评价中，全部住户样本中大约有46.15%选择了"不太满意"，这一比例是最高的；其次是"一般"，占34.07%；再次是"比较满意"，占12.09%；选择其余两个选项"非常满意"和"很不满意"的比例均非常低，不足10%。在全部住户样本中，选择"不太满意"和"很不满意"的住户样本超过了一半，远高于选择"比较满意"和"非常满意"的住户样本比例之和。由此可见，双台村大部分农户对自身收入状况的满意度评价是负面的。

对比建档立卡户和非建档立卡户可知，二者收入满意度评价选择"一般"的比例相似，均为34%左右。建档立卡户选择"不太满意"和"很不满意"的比例分别为39.02%和9.76%，其比例之和为48.78%；然而，非建档立卡户选择"不太满意"和"很不满意"的比例分别为52%和4%，其比例之和为56%。相应地，建档立卡户选择"非常满意""比较满意"的比例之和要高于非建档立卡户。与对收入水平高低的判断情况相似，虽然建档立卡户的真实收入水平要低于非建档立卡户，但其收入满意度要高于非建档立卡户。

表2-7　双台村住户样本的收入水平主观判断和收入满意度

单位：%

住户样本类型	收入水平主观判断					收入满意度				
	非常高	较高	一般	较低	非常低	非常满意	比较满意	一般	不太满意	很不满意
建档立卡户	0	0	51.22	34.15	14.63	2.44	14.63	34.15	39.02	9.76
一般贫困户	0	0	53.85	34.62	11.54	0	11.54	38.46	42.31	7.69
低保户	0	0	42.86	28.57	28.57	0	28.57	28.57	28.57	14.29
低保贫困户	0	0	50.00	37.50	12.50	12.5	12.5	25	37.5	12.5
非建档立卡户	0	4	40	54	2	0	10	34	52	4
非贫困户	0	5.26	36.84	55.26	2.63	0	13.16	26.32	55.26	5.26
全部住户样本	0	2.20	45.05	45.05	7.69	1.10	12.09	34.07	46.15	6.59

进一步地，在一般贫困户、低保贫困户、低保户和非贫困户之间，也大体呈现前述真实收入水平高低与收入满意度评价之间的不一致现象。具体来说，在真实收入水平上，一般贫困户、低保贫困户、低保户都要低于非贫困户，但在收入满意度评价上，非贫困户选择"不太满意"和"很不满意"的比例之和比一般贫困户、低保贫困户、低保户都要高；低保户和低保贫困户的真实收入水平最低，但其选择"比较满意"和"非常满意"的比例之和高于一般贫困户和非贫困户；一般贫困户和非贫困户均没有选择"非常满

意"，选择"比较满意"的比例也相差不大。

综上所述，无论是收入水平高低判断还是收入满意度，双台村均有超过一半的住户样本给出了负面的评价，表明大多数的双台村住户样本对其目前的收入状况是不满意的。从各类住户的收入水平高低判断与收入满意度评价之间的差异上来看，双台村出现了农户真实收入水平与收入高低判断及收入满意度评价之间的不一致的现象，即一般贫困户、低保贫困户、低保户在真实收入水平上低于非贫困户，其收入高低判断及收入满意度评价却高于非贫困户。这种所谓的不一致现象可能与所谓的"伊斯特林悖论"有关。从经济学角度对幸福感（Subjective Well-Being）进行研究的早期文献中，以1974年理查德·伊斯特林所写的《经济增长改善了人类的境遇吗？一些经验证据》一文最具代表性。在该文中，作者提出了著名的"伊斯特林悖论"，即居民收入或财富水平与幸福感之间呈现不一致性。虽然经济发展的最终目的是增进人民福祉，但研究证实，目前世界上主要的发达国家和发展中国家均出现了"伊斯特林悖论"现象。2012年，理查德·伊斯特林通过时间序列分析发现，中国居民所报告的幸福感水平也未呈现与其经济增长相一致的预期提升。目前，关于幸福感的争议和讨论已经成为国内外学者的研究热点。[①]

四 农户家庭消费水平

表2-8列出了2016年双台村住户样本的家庭消费水平及消费构成。下面根据表2-8，对双台村农户家庭消费水平及消费构成进行简要分析。

表2-8 2016年双台村住户样本的家庭消费支出

单位：元

住户样本类型	家庭人均消费支出	食品支出	报销后医疗支出	教育支出	养老保险费	合作医疗保险费	礼金支出
建档立卡户	5733.41	2028.19	2820.13	570.05	32.00	136.77	165.60
一般贫困户	6285.38	2162.91	3527.97	427.31	31.35	141.34	157.29
低保户	3070.83	1927.38	945.23	332.38	36.90	135.71	166.67
低保贫困户	5477.80	1678.57	2248.66	1206.25	29.79	122.85	191.67
非建档立卡户	5962.55	2708.61	2413.14	766.18	68.31	128.93	390.86
非贫困户	5948.20	2363.21	2328.82	711.13	39.70	129.32	333.31
全部住户样本	5854.18	2402.04	2594.02	679.26	51.95	132.46	287.09

---

① 关于"伊斯特林悖论"的原因解释，有一些国内外学者从"幸福感——收入之谜"出发，基于不同视角解释了伊斯特林悖论存在的原因，如收入差距视角、"攀比效应"（或"隧道效应"）、"示范效应"和"棘轮效应"视角等。另外，国内外学者也从影响居民幸福感的非收入因素出发，探讨了伴随财富收入增长的另一些经济增长结果在影响居民幸福感中所扮演的角色和作用，如居民价值观的变迁、空间移民与城市规模的作用、对待社会公平的态度以及融入社会的能力以及户籍歧视等。值得注意的是，虽然大多数学者的研究支持了幸福感与财富收入之间的非正相关关系，但也有许多学者的研究结论不支持"伊斯特林悖论"的存在，罗楚亮和官皓利用中国的微观调查数据分析发现，中国居民收入与幸福感之间存在显著的正相关关系。

第一，双台村农户的消费水平。2016年，双台村全部住户样本的家庭人均消费支出为5854.18元。图2-5为双台村与河北省、全国及全国贫困地区农村居民人均消费支出的比较。从图2-5可以发现，2016年双台村农村居民人均消费支出低于河北省农村居民人均消费支出9798元的平均水平，也低于全国贫困地区农村居民人均消费支出7331元的平均水平，更低于全国农村居民人均消费支出10130元的平均水平。具体来说，2016年双台村农村居民人均消费支出相当于河北省与全国农村居民平均水平的大约60%、全国贫困地区农村平均水平的80%左右。

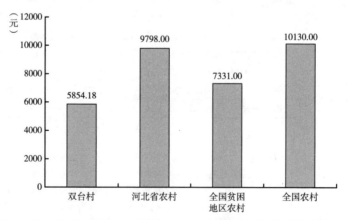

图2-5 2016年双台村与河北省、全国及全国贫困地区农村居民人均消费支出

资料来源：双台村住户样本消费支出数据来源于课题组问卷调查；河北省农村居民人均消费支出来源于《河北省2016年国民经济和社会发展统计公报》，http://www.hetj.gov.cn/hetj/tjgbtg/101482994576940.html；全国农村居民人均消费支出和全国贫困地区农村居民人均消费支出来源于国家统计局住户调查办公室编的《2017中国农村贫困监测报告》。

图 2-6 进一步显示了双台村各种类型住户样本的家庭人均消费支出水平。就双台村内部各种类型农户来看，一般贫困户家庭人均消费支出 6285.38 元，居于最高水平；非贫困户家庭人均消费支出 5948.20元，略低于一般贫困户；低保贫困户家庭人均消费支出为 5477.80 元；低保户家庭人均消费支出最低，为 3070.83 元。值得注意的是，双台村一般贫困户的家庭人均收入水平以不到 500 元的差距略低于非贫困户，但其家庭人均消费支出高于非贫困户大约 300元。其中原因，可能在于非贫困户外出就业劳动力较多，一般贫困户外出就业劳动力相对较少，而外出就业劳动力的日常消费在很大程度上没有反映在农户调查数据之中。从前文的表 2-5 可以发现，双台村非贫困户非农就业劳动力平均人数及异地转移劳动力平均人数分别为 1.08 和 0.84，在各种类型住户样本中都是最高的；一般贫困户非农就业劳动力平均人数及异地转移劳动力平均人数则分别为 0.69 和 0.46。正是贫困户和一般贫困户之间所存在的上述人口结构差异，导致前者家庭人均收入虽高于后者，但其家庭人均消费支出略低于后者。另外，结合图 2-5 可知，双台村各种类型住户样本的家庭人均消费支出均远低于

河北省农村、全国农村及全国贫困地区农村居民的平均水平。

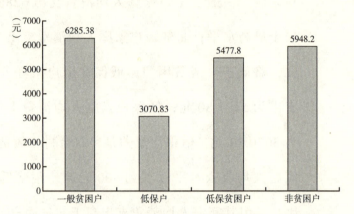

图2-6　2016年双台村各类型住户样本家庭人均消费支出

第二，双台村农户的恩格尔系数。恩格尔系数指居民家庭食物支出占消费总支出的比重。德国统计学家恩格尔根据经验统计资料发现，家庭收入水平越低，家庭支出中用来购买食物的支出所占的比例就越大；随着家庭收入的增加，家庭支出中用来购买食物的支出将会下降。长期以来，恩格尔系数被当作一个衡量居民富裕程度和福利水平的重要指标。图2-7显示了2016年双台村与河北省、全国及全国贫困地区农村居民的恩格尔系数。从图2-7可以看出，2016年，双台村农户的恩格尔系数为0.410，高于全国贫困地区农村居民的恩格尔系数0.350，更是高于河北省农村居民的恩格尔系数 0.280 和全国农村居民的恩格尔系数 0.322。这是双台村农民收入和福利水平低于全国贫困地区农村居民、河北省农村及全国农村居民的又一反映。

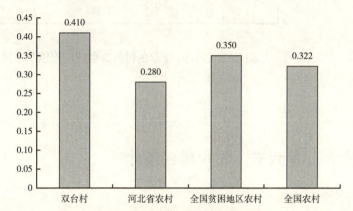

图 2-7　2016 年双台村与河北省、全国及全国贫困地区农村居民恩格尔系数

　　资料来源：双台村住户样本恩格尔系数来源于课题组问卷调查；河北省农村居民恩格尔系数来源于《河北省 2016 年国民经济和社会发展统计公报》，http://www.hetj.gov.cn/hetj/tjgbtg/101482994576940.html；全国农村居民恩格尔系数和全国贫困地区农村居民恩格尔系数来源于国家统计局住户调查办公室编的《2017 中国农村贫困监测报告》。

　　图 2-8 进一步显示了双台村各种类型住户样本的恩格尔系数。从图 2-8 可以看出，在各种类型住户样本中，低保户恩格尔系数最高，达到 0.628；其次是非贫困户的 0.397；一般贫困户略低于非贫困户，为 0.344；低保贫困户恩格尔系数最低，为 0.306。

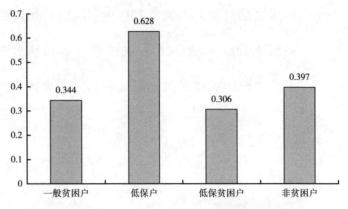

图2-8　2016年双台村各类型住户恩格尔系数

第六节　农户居住条件

居住状况是居民生活福利的一项重要内容。《中国农村扶贫开发纲要（2011~2020年）》中，明确把解决住房问题作为"两不愁、三保障"的五项内容之一。本节对双台村农户的居住条件进行描述和分析，以了解该村村民的居住状况。

一　住房情况

表2-9列出了双台村住户样本自有住房套数及其所占比例。从表中可以看出，全部住户样本中，绝大部

分住户只有一套自有住房，其户数约占全部住户样本的 86.81%；拥有二套自有住房的住户样本约占 12.09%；全部住户样本中，只有一个住户样本拥有三套自有住房，约占 1.10%。就各住户类型来看，非建档立卡户中拥有二套及三套自有住房的住户比例占 10%，高于建档立卡户的 17.07%；全部建档立卡户均只拥有一套或二套自有住房，其中，全部低保贫困户只有一套自有住房，低保户中拥有二套自有住房的比例达到较高的 42.86%，一般贫困户拥有二套自有住房的比例约为 15.38%，而非贫困户中拥有二套自有住房的比例只有 10.53%，低于各种建档立卡户，但非贫困户样本中有一个住户则拥有三套住房。总的来看，双台村建档立卡户和非建档立卡户所拥有的自有住房套数差异并不大。

表 2-9　双台村住户样本自有住房套数

单位：户，%

住户样本类型	总户数	一套住房户数	一套住房户数占比	二套住房户数	二套住房户数占比	三套住房户数	三套住房户数占比
建档立卡户	41	34	82.93	7	17.07	0	0.00
一般贫困户	26	22	84.62	4	15.38	0	0.00
低保户	7	4	57.14	3	42.86	0	0.00
低保贫困户	8	8	100.00	0	0.00	0	0.00
非建档立卡户	50	45	90.00	4	8.00	1	2.00
非贫困户	38	33	86.84	4	10.53	1	2.63
全部住户样本	91	79	86.81	11	12.09	1	1.10

图 2-9 给出了双台村住户样本当前居住住房的建造或购买年代分布情况。图 2-9 分别显示了全部住户样本、建档立卡户和非建档立卡户当前居住住房的建造或购买年代。从图 2-9 中可以看出，全部住户样本当前居住住房中超过一半都是在 21 世纪的头十年建造或购买的，在 20 世纪 90 年代建造或购买的占 20% 左右，在 2010~2020 年建造或购买的占 15% 左右，在 20 世纪 80 年代建造或购买的占 12% 左右。对于建档立卡户和非建档立卡户来说，其建造或购买年代的分布情况也是大同小异。因此，从当前居住住房的建造或购买年代来看，建档立卡户和非建档立卡户也是大体相同的。

表 2-10 列出了双台村住户样本当前居住住房质量的分布情况。从表 2-10 中可知，全部住户样本中，当前居住住房状况属于一般或者良好的约占 75.82%，属于政府认定危房的约占 2.20%，虽未认定但属于危房的约占 21.98%。建档立卡户的当前居住住房中，有大约 4.88% 被政府认定为危房，另外有 24.39% 虽未认定但也属于危房；相比之下，非建档立卡户的当前居住住房状况为一般或良好的占 80%，比建档立卡户高出大约 10 个百分点，并且没有政府认定的危房，

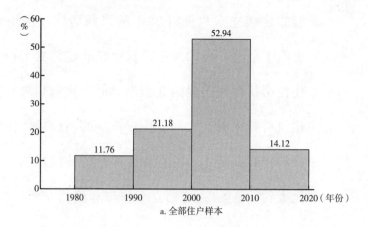

a. 全部住户样本

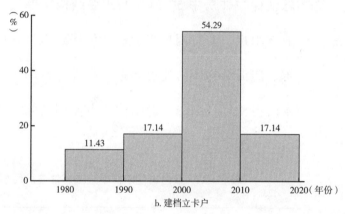

b. 建档立卡户

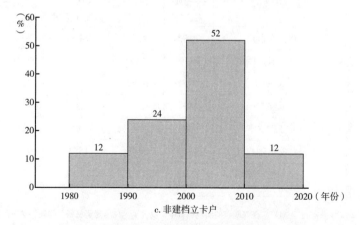

c. 非建档立卡户

图 2-9　双台村住户样本当前居住住房的建造或购买年代分布

但非建档立卡户仍有 20% 的当前居住住房虽未认定也属于危房。总的来看，双台村非建档立卡户当前居住住房状况好于建档立卡户，危房比例相对较低。就建筑材料来看，大部分住户样本的当前居住住房建筑材料是砖瓦砖木，也有较少部分的砖混结构，二者之比大约为 3：1；建档立卡户与非建档立卡户相比较，除低保户住房中 57.14% 的砖混结构比例较高外，一般贫困户、非贫困户当前居住住房建筑材料中砖瓦砖木、砖混结构所占比例相近，而低保贫困户中砖瓦砖木所占比例最高，砖混结构所占比例最低。[①]

表 2-10　双台村住户样本当前居住住房质量

单位：%

住户类型	住房状况			建筑材料	
	一般或者良好	政府认定危房	未认定，但属于危房	砖瓦砖木	砖混材料
建档立卡户	70.73	4.88	24.39	70.73	29.27
一般贫困户	73.08	3.85	23.08	73.08	26.92
低保户	85.71	14.29	0	42.86	57.14
低保贫困户	50	0	50	87.5	12.5
非建档立卡户	80	0	20	76	24
非贫困户	84.21	0	15.79	71.05	28.95
全部住户样本	75.82	2.20	21.98	73.63	26.37

① 在课题组的问卷调查中，设置了"住房建筑材料"问题，这一问题的答案选项为"①竹草土坯；②砖瓦砖木；③砖混材料；④钢筋混凝土；⑤其他（注明）"。问卷调查结果显示，双台村住户样本的住房建筑材料只有砖瓦砖木、砖混材料两种。

表 2-11 列出了双台村住户样本全部自有住房的平均建筑面积。从表 2-11 中可知,双台村全部住户样本自有住房的平均建筑面积约为 125.26 平方米,人均建筑面积约为 37.97 平方米。建档立卡户全部自有住房的总建筑面积和人均建筑面积的平均值分别为 118.11 平方米和 34.85 平方米,均低于非建档立卡户的 130.81 平方米和 40.38 平方米。就一般贫困户、低保户、低保贫困户和非贫困户来看,全部自有住房的总建筑面积大小顺序依次是一般贫困户 > 非贫困户 > 低保户 > 低保贫困户,人均建筑面积大小顺序则是低保户最高,一般贫困户和非贫困户次之,低保贫困户最低。

表 2-11 双台村住户样本全部自有住房的建筑面积

住户样本类型	建筑面积 (平方米)	人均建筑面积 (平方米 / 人)
建档立卡户	118.11	34.85
一般贫困户	128.25	35.47
低保户	104.16	46.38
低保贫困户	98.12	24.31
非建档立卡户	130.81	40.38
非贫困户	121.83	35.31
全部住户样本	125.26	37.97

表 2-11 仅对双台村住户样本自有住房建筑面积均值的大小进行了比较,图 2-10 和图 2-11 进一步

显示了双台村住户样本自有住房总建筑面积和人均建筑面积。

从图 2-10a 可以发现，大部分住户样本的自有住房总建筑面积在 60~140 平方米，这一部分住户样本占到全部住户样本的大约 60%。其中，大约有 26.44% 的住户样本的自有住房总建筑面积在 100~120 平方米；其次，大约有 17.24% 的住户样本的自有住房总建筑面积在 120~140 平方米；再次，分别还有大约 10% 的住户样本的自有住房总建筑面积分别在 60~80 平方米和 80~100 平方米；最后，自有住房总建筑面积低于 60 平方米和高于 140 平方米的住户样本比较少，占全部住户样本的比例不到 40%。对比图 2-10b 和图 2-10c 可以发现，大约 40% 的建档立卡户的自有住房总建筑面积位于 100 平方米以下，将近 30% 的建档立卡户的自有住房总建筑面积在 100~120 平方米，自有住房总建筑面积超过 120 平方米的建档立卡户不超过 30%；相比之下，大约 70% 的非建档立卡户的自有住房总建筑面积超过了 100 平方米，其中有大约 50% 的非建档立卡户的自有住房总建筑面积在 100~140 平方米。也就是说，更多的非建档立卡户拥有较大的自有住房建筑面积，而建档立卡户中拥有

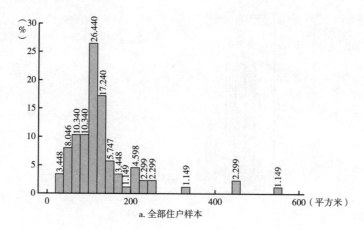

a. 全部住户样本

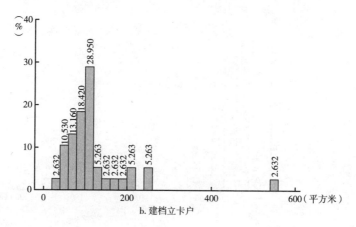

b. 建档立卡户

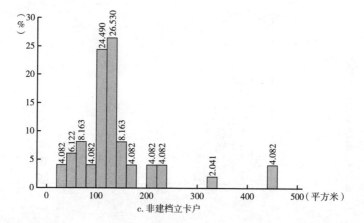

c. 非建档立卡户

图 2-10 双台村住户样本全部自有住房的建筑面积分布

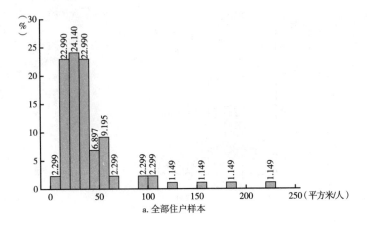

a. 全部住户样本

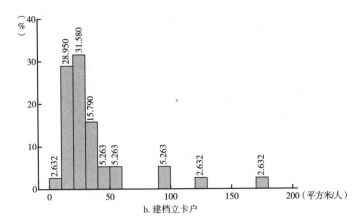

b. 建档立卡户

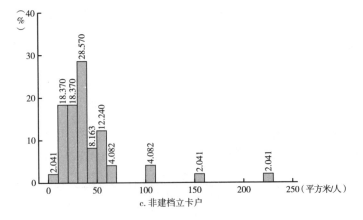

c. 非建档立卡户

图 2-11　双台村住户样本全部自有住房的人均建筑面积分布

较大的自有住房建筑面积的比例相对较低。

从图 2-11a 可以发现，大部分住户样本的人均自有住房建筑面积在 10~40 平方米，这一部分住户样本占到全部住户样本的大约 70%。对比图 2-11b 和图 2-11c 则可以发现，在建档立卡户中，人均住房建筑面积在 30 平方米以下者所占比例相对较高，30 平方米以上者所占比例相对较低；与此相反，在非建档立卡户，人均住房建筑面积在 30 平方米以上者所占比例相对较高，30 平方米以下者所占比例相对较低。

总之，双台村建档立卡户和非建档立卡户所拥有的自有住房套数、当前居住住房的建造或购买年代差异并不大，但非建档立卡户当前居住住房的危房比例相对较低，全部自有住房的总建筑面积和人均建筑面积均高于建档立卡户。

二　住房配套设施

表 2-12 列出了双台村住户样本当前居住住房的配套设施情况。下面分别对其进行简要的说明。

第一，主要取暖设施。双台村大约 80% 的住户样本以炉子作为取暖设施；其次是炕，约占 13%；同时还有极少部分住户样本烧土暖气来取暖甚至没有任何取暖设施。建档立卡户与非建档立卡户相比，前者以炕作为主要取暖设施的住户比例相对较少，以炉子作为主要取暖设施的住户比例相对较多。

第二，沐浴设施。双台村大约85%的住户样本没有任何沐浴设施，大约14%的住户样本使用太阳能作为沐浴设施。建档立卡户与非建档立卡户相比，建档立卡户中没有任何沐浴设施的住户所占比例为87.80%，高于非建档立卡户的82%；建档立卡户中使用太阳能作为沐浴设施的住户占将近10%的比例，低于非建档立卡户中18%使用太阳能作为沐浴设施的比例水平。

第三，互联网宽带。双台村16.48%的住户样本有互联网宽带，并且建档立卡户和非建档立卡户家中有互联网宽带的比例相差不大。

第四，入户路类型。双台村大约75%的住户样本的入户路类型是砂石路、水泥或柏油路，还有大约25%的住户样本的入户路仍然还是泥土路，并且建档立卡户和非建档立卡户的各种入户路类型所占比例相差较小，这是由于双台村位于华北平原，地势平坦，全村居民集中居住，导致建档立卡户和非建档立卡户

表2-12 双台村住户样本住房配套设施情况

单位：%

配套设施情况	选项	全部住户样本	建档立卡户	一般贫困户	低保户	低保贫困户	非建档立卡户	非贫困户
最主要的取暖设施	无	2.20	2.44	0	0	12.50	2	2.63
	炕	13.19	7.32	11.54	100	0	18	18.42
	炉子	83.52	87.80	84.62	0	87.50	80	78.95
	土暖气	1.10	2.44	3.85	0	0	0	0
是否有沐浴设施	无	84.62	87.80	88.46	85.71	87.5	82	81.58
	太阳能	14.29	9.76	11.54	14.29	12.5	18	18.42
	其他	1.10	2.44	0	0	0	0	0
是否有互联网宽带	是	16.48	17.07	15.38	0	37.5	16	18.42
	否	83.52	82.93	84.62	100	62.5	84	81.58
入户路类型	泥土路	25.27	24.39	23.08	14.29	37.5	26	31.58
	砂石路	1.10	2.44	0	14.29	0	0	0
	水泥或柏油路	73.63	73.17	76.92	71.43	62.5	74	68.42
最主要饮用水源	经过净化处理的自来水	98.90	97.56	96.15	100	100	100	100
	受保护的井水和泉水	1.10	2.44	3.85	0	0	0	0
是否有管道供水	管道供水入户	95.6	92.68	88.46	100	100	98	97.37
	管道供水至公共取水点	2.2	4.88	7.69	0	0	0	0
	没有管道设施	2.2	2.44	3.85	0	0	2	2.63
最主要炊事用能源	柴草	2.20	2.44	0	0	12.5	2	2.63
	煤炭	85.71	90.24	88.46	100	87.5	82	78.95
	罐装液化石油气	10.99	7.32	11.54	0	0	14	15.79
	管道液化石油气	1.10	0	0	0	0	2	2.63
厕所类型	传统旱厕	69.23	70.73	73.08	57.14	75	68	65.79
	卫生厕所	30.77	29.27	26.92	42.86	25	32	34.21
生活垃圾处理	送到垃圾池等	36.26	24.39	26.92	42.86	50	46	52.63
	定点堆放	43.96	53.66	53.85	57.14	50	36	26.32
	随意丢弃	19.78	21.95	19.23	0	0	18	21.05
生活污水排放	院外沟渠	47.25	48.78	50	14.29	75	46	60.53
	随意排放	52.75	51.22	50	85.71	25	54	39.47

虽经济条件不同，但入户路类型相差不大。

第五，最主要饮用水源。双台村绝大部分住户样本的最主要饮用水源是经过净化处理的自来水，这部分住户大约占到全部住户样本的将近99%。此外，还有大约1%的住户样本仍然以受保护的井水或泉水作为主要饮用水源，这部分住户样本都是建档立卡户，非建档立卡户的最主要饮用水源全部都是净化处理的自来水。

第六，供水方式。双台村绝大部分住户样本都是以管道供水入户，其比例占到全部住户样本的95.6%。此外，还有极少部分住户样本以管道供水至公共取水点（约占全部住户样本的2.2%），也有极少部分住户样本没有管道设施（约占全部住户样本的2.2%）。建档立卡户与非建档立卡户相比，非建档立卡户以管道供水入户的比例为98%，比建档立卡户的92.68%更高一些。

第七，最主要炊事用能源。在"柴草""煤炭""罐装液化石油气""管道液化石油气"四种能源中，双台村住户样本使用煤炭作为最主要炊事用能源的比例最高，为85.71%；其次是罐装液化石油气，占10.99%；此外，还有不到5%的住户样本使用柴草或管道液化石油气。建档立卡户与非建档立卡户相比，前者使用煤炭作为最主要炊事用能源的比例（90.24%）高于后者（82%），后者使用液化石油气的比例（16%）则高于前者（7.32%）。

第八，厕所类型。双台村69.23%的住户样本的厕所类型依然是传统旱厕，使用卫生厕所的住户样本仅占到30.77%。建档立卡户与非建档立卡户相比，前者使用传统旱厕的比例（70.73%）略高于后者（68%）；相应地，后者使用卫生厕所的比例（32%）略高于前者（29.27%）。

第九，生活垃圾处理。在"送到垃圾池等""定点堆放""随意丢弃"三种生活垃圾处理方式中，双台村住户样本较多选择了前两种方式，随意丢弃的住户样本占大约20%。建档立卡户与非建档立卡户相比，前者定点堆放生活垃圾的比例高于后者，后者将生活垃圾送到垃圾池的比例高于前者，二者选择随意丢弃的比例基本相同。

第十，生活污水排放。在"院外沟渠""随意排放"两种生活污水排放方式中，双台村略超过50%的住户样本是随意排放，略低于50%的住户样本将生活污水排放到院外沟渠中，建档立卡户与非建档立卡户在生活污水排放方式上差别也比较小。

总的来看，双台村住户样本中的建档立卡户和非建档立卡户在许多住房配套设施上相差不大，如互联网宽带、入户路、最主要炊事用能源、主要饮用水源、厕所、生活污水排放等；在主要取暖设施、沐浴设施、生活垃圾处理等方面，非建档立卡户的条件要优于建档立卡户。

三　住房满意度

　　调查问卷中设置了"对当前住房状况的满意程度"这一问题，在这一问题下设定了五个选项："非常满意""比较满意""一般""不太满意""很不满意"。图 2-12 显示了全部住户样本、建档立卡户样本和非建档立卡户样本对这一问题的回答情况。从图 2-12 中可以看到，双台村全部住户样本中，对当前住房状况的满意度为"一般"的比例最高，达到将近40% 的水平；对当前住房状况的满意度为"比较满意""非常满意"的比例与认为"不太满意""很不满意"的比例均为 30% 左右。对于建档立卡户和非建档立卡户而言，前者对当前住房状况的满意度为"比较满意""非常满意"的比例将近 32%，略高于后者

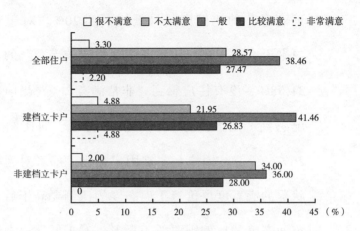

图2-12 双台村全部住户样本、建档立卡户、非建档立卡户的住房满意度

的28%；相比之下，前者对当前住房状况的满意度为"不太满意""很不满意"的比较将近27%，略低于后者的36%。虽然建档立卡户和非建档立卡户的住房满意度差异很小，但建档立卡户对当前的住房状况似乎表现出更高的满意度或更低的不满意度。

为了进一步了解双台村各种类型住户样本的住房满意度情况，图2-13列出了一般贫困户、低保户、低保贫困户和非贫困户关于"对当前住房状况的满意程度"这一问题的回答情况。从图2-13中可以看出，在四类住户中，一般贫困户对当前住房状况持"比较满意"或"非常满意"态度的比例最高，达到将近40%；对当前住房状况感到"不太满意"或"很

不满意"的比例则是最低，不到20%。对于非贫困户来说，对当前住房状况感到"比较满意"的比例为31.58%，没有住户感到"非常满意"；对当前住房状况感到"不太满意"或"很不满意"的比例大约为26%。一般贫困户与非贫困户相比，前者对当前住房状况的满意度评价持正面态度的比例要高于后者，持负面态度的比例则要低于后者。对于低保户来说，对当前住房状况感到"不太满意""一般""比较满意"的比例相同，均为28.57%；感到"非常满意"的比例为14.29%，是四类住户样本中最高的水平，并且没有低保户样本对当前住房状况感到"很不满意"。对于低保贫困户来说，有一半的住户样本对当前住房

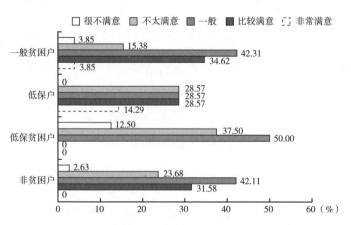

图2-13　双台村一般贫困户、低保户、低保贫困户和非贫困户的
住房满意度

状况感到"一般"，但有一半的住户样本对当前住房状况感到"不太满意"或"很不满意"，在四类住户样本中比例最高。

总的来看，双台村住户样本对当前住房状况的满意度不是太高，其中将近有 1/3 的住户样本表示对当前住房状况"不太满意"或"很不满意"；建档立卡户和非建档立卡户的住房满意度差异很小，但建档立卡户对当前的住房状况似乎表现出更高的满意度，同样地，一般贫困户与非贫困户相比，前者对当前住房状况的满意度评价持正面态度的比例要高于后者，持负面态度的比例则要低于后者。

第七节　农户家庭资产

在本次调查问卷中，设置了有关农户家庭生产性资产、非生产性资产（或消费性资产）的问题，以详细了解农户的生产生活条件。下面分别对双台村农户的生产性资产与非生产性资产状况进行介绍。

一 生产性资产

调查问卷的"家庭耐用消费品／农机／农业设施拥有数量"部分，共询问了农户18种当前仍在使用的家庭资产（不包括已经废弃的），具体包括：彩色电视机、空调、洗衣机、电冰箱或冰柜、电脑、固定电话、手机、联网的智能手机、摩托车／电动自行车（三轮车）、轿车／面包车、卡车／中巴车／大客车、拖拉机、耕作机械、播种机、收割机、其他农业机械设施、生产性用房、役畜种畜。根据主要用途的不同，上述各种家庭资产可被分别归类为生产性资产和非生产性资产（或消费性资产），其中，生产性资产包括以下8种资产：卡车／中巴车／大客车、拖拉机、耕作机械、播种机、收割机、其他农业机械设施、生产性用房、役畜种畜。非生产性资产包括以下10种资产：彩色电视机、空调、洗衣机、电冰箱或冰柜、电脑、固定电话、手机、联网的智能手机、摩托车／电动自行车（三轮车）、轿车／面包车。值得指出的是，在农村环境中，对于农户来说，某些资产可能兼具生产性用途与非生产性用途，如摩托车／电动自行车（三轮车）、轿车／面包车，既可以载人代步，又可以载客运输、载物生产，本书为了分析方便，仅根据主要用途将其归类为非生产性资产。

图 2-14 给出了双台村各种类型农户所拥有的生产性资产的户均市场估计价值。根据图 2-14a 可知，双台村全部住户样本拥有生产性资产的户均市场估计价值为 2369 元，其中，建档立卡户生产性资产的户均市场估计价值为 2190 元，非建档立卡户生产性资产的户均市场估计价值为 2516 元。与劳动、土地一样，生产性资产也是农户从事农业生产和非农业生产所必需的生产要素，建档立卡户所拥有的生产性资产要少于非建档立卡户，这意味着建档立卡户的资本要素资源禀赋要低于非建档立卡户。

图 2-14b 给出了一般贫困户、低保户、低保贫困户和非贫困户所拥有的生产性资产的户均市场估计价值。从中可以看出，在一般贫困户、低保户、低保贫困户和非贫困户四类农户中，一般贫困户生产性资产的户均市场估计价值最高，为 3292 元；非贫困户次之，户均 2495 元；第三是低保贫困户，其生产性资产的户均市场估计价值仅为 525 元；低保户则没有任何生产性资产，其生产性资产的户均市场估计价值为 0，这也符合农村低保户不从事任何生产经营活动的

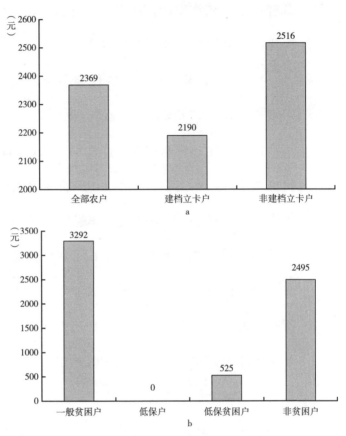

图 2-14 双台村各类型农户所拥有生产性资产的户均
市场估计价值

现实状况。

图 2-15 更为直观地给出了双台村全部住户样本、建档立卡户和非建档立卡户所拥有的生产性资产的市场估计价值的分布情况。从图 2-15a 可以看出，双台村全部住户样本中，绝大部分农户所拥有的生产性资产的市场估计价值在 0~5000 元，这部分农户样本

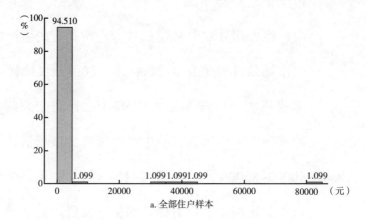

a. 全部住户样本

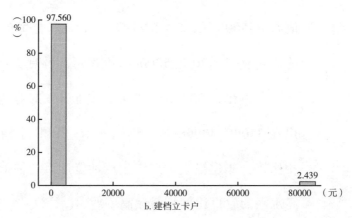

b. 建档立卡户

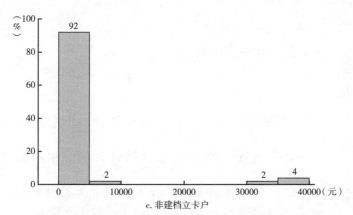

c. 非建档立卡户

图 2-15　双台村农户生产性资产的市场估计价值分布

占全部住户样本的大约 94.51%。从图 2-15b 可以看出，绝大部分双台村建档立卡户所拥有的生产性资产的市场估计价值在 0~5000 元，这部分农户样本占全部建档立卡户样本的大约 97.56%；剩余大约 2.44% 的建档立卡户所拥有的生产性资产的市场估计价值在 80000~85000 元。从图 2-15c 可以看出，92% 的双台村非建档立卡户所拥有的生产性资产的市场估计价值在 0~5000 元，2% 的非建档立卡户的生产性资产的市场估计价值在 5000~10000 元，另有 2% 的非建档立卡户在 30000~35000 元，剩余 4% 的非建档立卡户在 35000~40000 元。建档立卡户和非建档立卡户相比较，非建档立卡户中生产性资产市场估值处于较高水平的农户比例相对较高一些。

二　非生产性资产

图 2-16 给出了双台村各种类型农户所拥有的非生产性资产的户均市场估计价值。根据图 2-16a 可知，双台村全部住户样本拥有非生产性资产的户均市场估计价值为 4004 元，其中，建档立卡户非生产性资产的户均市场估计价值为 2149 元，非建档立卡户

非生产性资产的户均市场估计价值为 5526 元。在本次调查中，农户的非生产性资产包括耐用消费品、通信设备以及家用电脑等，较多的非生产性资产代表了较高的生活水准和福利水平。建档立卡户与非建档立卡户相比较，后者所拥有的非生产性资产的户均市场估值大约是前者的 2.5 倍。由此可见，非建档立卡户的生活水准和实际福利远高于建档立卡户。

图 2-16b 给出了一般贫困户、低保户、低保贫困户和非贫困户所拥有的非生产性资产的户均市场估计价值。从图 2-16b 中可以看出，一般贫困户、低保户、低保贫困户和非贫困户四类农户中，非贫困户的非生产性资产的户均市场估计价值最高，达 6003 元；其次是一般贫困户，但其非生产性资产的户均市场估计价值仅为 2293 元，远低于非贫困户；低保户和低保贫困户所拥有的非生产性资产更少，分别为 2100 元和 1724 元。

图 2-17 更为直观地给出了双台村全部住户样本、建档立卡户和非建档立卡户所拥有的非生产性资产的市场估计价值的分布情况。从图 2-17a 可以看出，78.02% 的双台村住户样本的非生产性资产的市场估计价值处于 5000 元以下，17.58% 的住户样本处于

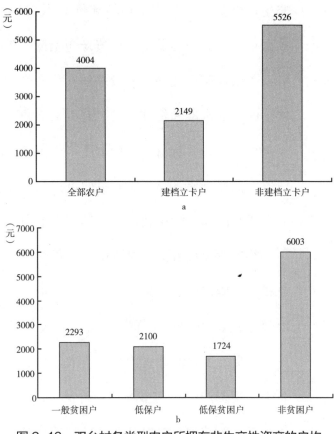

图 2-16　双台村各类型农户所拥有非生产性资产的户均
市场估计价值

5000~10000 元，其余大约 4% 的住户样本的非生产
性资产的市场估计价值要高于 10000 元。从图 2-17b
可以看出，在建档立卡户中，非生产性资产的市场
估计价值水平处于 0~1000 元的约占 34.15%，处于
1000~2000 元和 2000~3000 元的比例都是 19.51%，
处于 3000~4000 元的约占 12.2%，处于 4000~5000

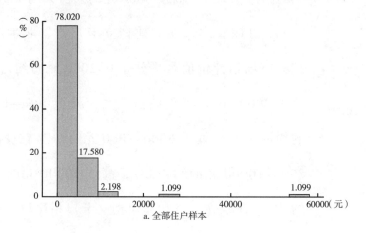

a. 全部住户样本

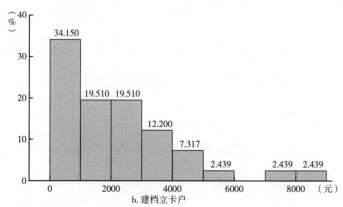

b. 建档立卡户

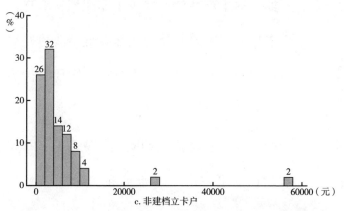

c. 非建档立卡户

图 2-17 双台村农户非生产性资产的市场估计价值分布

元的约占 7.32%，高于 5000 元的共占大约 7%。从图 2-17c 可以看出，在非建档立卡户中，非生产性资产的市场估计价值水平处于 0~2000 元的约占 26%，处于 2000~4000 元的约占 32%，处于 4000~6000 元的约占 14%，处于 6000~8000 元的约占 12%，处于 8000~10000 元的约占 8%，高于 10000 元的共占大约 8%。建档立卡户和非建档立卡户相比较，前者中非生产性资产的市场估计价值水平处于 0~4000 元的农户比例高于后者，后者中非生产性资产的市场估计价值水平处于 4000 元以上的农户比例则高于前者。

总之，根据对双台村农户所拥有的生产性资产与非生产性资产状况进行考察，可以发现，建档立卡户所拥有的生产性资产要少于非建档立卡户，表明建档立卡户的资本要素资源禀赋要低于非建档立卡户，非建档立卡户在生产经营上具有资本要素优势。就非生产性资产来说，非建档立卡户所拥有的非生产性资产的户均市场估值大约是建档立卡户的 2.5 倍，表明非建档立卡户的生活水准和实际福利远高于建档立卡户。

第八节 农户农业土地

土地是农业生产要素之一，也是决定农户收入水平和经济福利的重要因素。在本次调查问卷中，设置了关于农户各种农业土地类型面积的问题，具体包括有效灌溉耕地、旱地、园地、林地、牧草地、养殖水面、养殖设施用地七种类型。调查数据显示，双台村农户所拥有的农业土地主要包括有效灌溉耕地和旱地，基本没有其他五种农业土地。[①] 因此，下面主要介绍双台村农户所拥有的有效灌溉耕地和旱地情况。

一 农户总农地面积

首先来看农户自有农地面积。双台村农户的农地类型主要包括有效灌溉耕地和旱地。有的农户所承包的农地属于有效灌溉耕地，有的农户所承包的农地属于旱地，有的农户两者兼有。图 2-18 画出

---

① 调查数据显示，全部住户样本所拥有的园地、林地、牧草地、养殖水面面积均为零，只有一个非贫困户拥有 4 亩养殖设施用地。

了双台村全部住户样本所承包的有效灌溉耕地和旱地面积的分布情况。图 2-19 显示了双台村全部住户样本实际经营的有效灌溉耕地和旱地面积的分布情况。

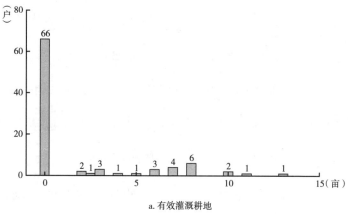

a. 有效灌溉耕地

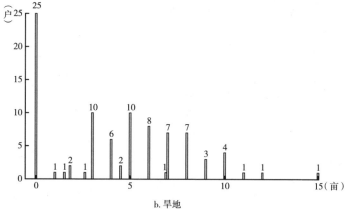

b. 旱地

图 2-18　双台村全部住户样本自有农地面积分布

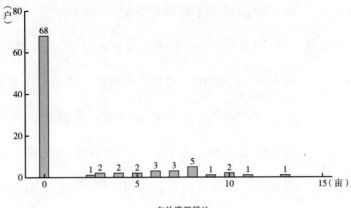

a. 有效灌溉耕地

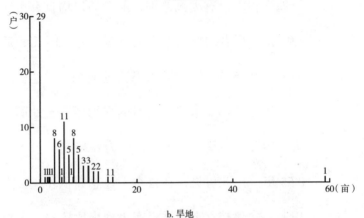

b. 旱地

图 2-19　双台村全部住户样本经营面积分布

　　根据图 2-18 和图 2-19，无论是有效灌溉耕地还是旱地，也无论是自有的承包土地还是实际经营的土地，均有较多数量农户的农地面积为零。为了便于对双台村各类型农户的自有承包农地和实际经营农地进行分析和比较，这里将有效灌溉耕地和旱地面积加总后得到农户的总农地面积。

　　表 2-13 给出了双台村各种类型住户样本的自有土

地面积和经营土地面积。截至 2016 年底，双台村全部住户样本的户均自有土地面积 6.03 亩，户均经营土地面积 6.55 亩。其中，建档立卡户的户均自有土地面积 5.95 亩，户均经营土地面积 6.85 亩；非建档立卡户的户均自有土地面积 6.10 亩，户均经营土地面积 6.30 亩。建档立卡户和非建档立卡户相比较而言，二者在户均自有土地面积上没有太大差别，前者的户均自有土地面积为 5.95 亩，后者的户均自有土地面积为 6.10 亩，后者仅比前者大 0.15 亩；在户均经营土地面积上，建档立卡户还要大于非建档立卡户，前者的户均经营土地面积为 6.85 亩，后者的户均经营土地面积为 6.30 亩，前者比后者大 0.55 亩。由此可见，在自有土地总面积和经营土地总面积上，非建档立卡户并没有表现出比建档立卡户更多的资源优势。

表 2-13　2016 年双台村住户样本的农地面积

单位：亩

住户样本类型	自有土地面积	经营土地面积
建档立卡户	5.95	6.85
一般贫困户	5.94	7.38
低保户	5.23	5.57
低保贫困户	6.63	6.25
非建档立卡户	6.10	6.30
非贫困户	6.62	6.56
全部住户样本	6.03	6.55

图 2-20 和图 2-21 进一步画出了双台村全部住户样本、建档立卡户和非建档立卡户的自有土地面积和经营土地面积的分布情况。从图 2-20 和图 2-21 也可以看出，双台村建档立卡户和非建档立卡户在自有土地面积和经营土地面积的分布差异并不大。

二 人均农地面积

表 2-14 给出了双台村各种类型住户样本的人均自有土地面积和人均经营土地面积。截至 2016 年底，双台村全部住户样本的人均自有土地面积 1.71 亩，人均经营土地面积 1.73 亩。其中，建档立卡户的人均自有土地面积 1.47 亩，人均经营土地面积 1.50 亩；非建档立卡户的人均自有土地面积 1.90 亩，人均经营土地面积 1.92 亩。根据表 2-13，非建档立卡户在自有土地总面积和经营土地总面积上并没有表现出比建档立卡户更多的资源优势，表 2-14 却表明，非建档立卡户的人均自有土地面积和人均经营土地面积均比建档立卡户高出大约 1/4。这说明，双台村非建档立卡户的土地资源禀赋要优于建档立卡户。

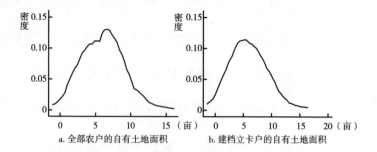

a. 全部农户的自有土地面积   b. 建档立卡户的自有土地面积

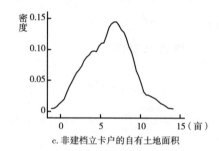

c. 非建档立卡户的自有土地面积

图 2-20 双台村农户自有土地面积分布

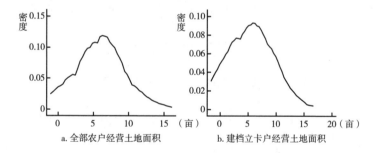

a. 全部农户经营土地面积   b. 建档立卡户经营土地面积

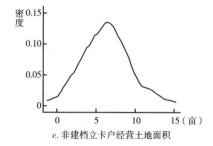

c. 非建档立卡户经营土地面积

图 2-21 双台村农户土地经营面积分布

表 2-14　2016 年双台村住户样本的人均农地面积

单位：亩 / 人

住户样本类型	人均自有土地面积	人均经营土地面积
建档立卡户	1.47	1.50
一般贫困户	1.48	1.49
低保户	1.13	1.30
低保贫困户	1.74	1.70
非建档立卡户	1.90	1.92
非贫困户	2.06	2.04
全部住户样本	1.71	1.73

图 2-22 和图 2-23 进一步画出了双台村全部住户样本、建档立卡户和非建档立卡户的人均自有土地面积和人均经营土地面积的分布情况。从图 2-22 和图 2-23 也可以看出，无论是人均自有土地还是人均经营土地，非建档立卡户均要多于建档立卡户。非建档立卡户在土地资源禀赋上所享有的优势，使其在家庭生产经营上易于取得比建档立卡户更大的优势，从而获得更高的收入水平。

三　农地流转情况

在本次调查中，关于农户农业土地设置了"流转入面积""流转出面积""平均流转租金"三个问题。

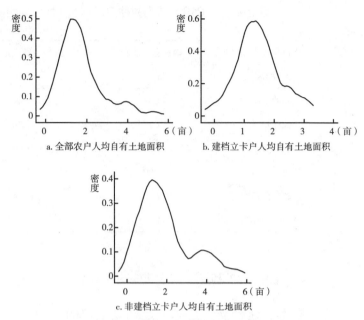

a. 全部农户人均自有土地面积

b. 建档立卡户人均自有土地面积

c. 非建档立卡户人均自有土地面积

图 2-22　双台村农户人均自有土地面积分布

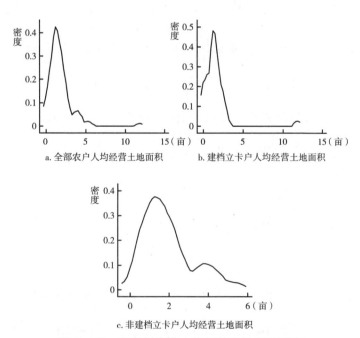

a. 全部农户人均经营土地面积

b. 建档立卡户人均经营土地面积

c. 非建档立卡户人均经营土地面积

图 2-23　双台村农户人均经营土地面积分布

这里将有效灌溉耕地或旱地的流转入面积大于零的农户定义为转入农户，将有效灌溉耕地或旱地的流转出面积大于零的农户定义为转出农户，将有效灌溉面积和旱地的流转入面积或流转出面积均为零的农户定义为非流转农户。

表2-15列出了2016年双台村各类型农户参与土地流转的情况。在双台村全部91个住户样本中，转入农户9个，转出农户6个，非流转农户76个，分别占9.89%、6.59%和83.52%，农户的土地流转参与率达16.48%。对于41个建档立卡户而言，转入农户、转出农户和非流转农户分别为6个、4个和31个，分别占到建档立卡户的14.63%、9.76%和75.61%，建档立卡户的土地流转参与率为24.39%。对于50个非建档立卡户而言，转入农户、转出农户和非流转农户分别为3个、2个和45个，分别占到非建档立卡户的6%、4%和90%，非建档立卡户的土地流转参与率仅为10%。由此可见，无论是土地转入参与率、转出参与率还是总的土地流转参与率，双台村的建档立卡户均高于非建档立卡户。

表 2-15　2016 年双台村住户样本的土地流转情况

单位：户，%

住户样本类型	转入农户		转出农户		非流转农户		合计	
	户数	比例	户数	比例	户数	比例	户数	比例
建档立卡户	6	14.63	4	9.76	31	75.61	41	100
一般贫困户	4	15.38	2	7.69	20	76.92	26	100
低保户	1	14.29	0	0.00	6	85.71	7	100
低保贫困户	1	12.50	2	25.00	5	62.50	8	100
非建档立卡户	3	6.00	2	4.00	45	90.00	50	100
非贫困户	3	7.89	2	5.26	33	86.84	38	100
全部住户样本	9	9.89	6	6.59	76	83.52	91	100

通过对双台村农户农业土地资源禀赋和土地流转情况的考察可以发现，非建档立卡户的人均自有土地面积和人均经营土地面积均比建档立卡户高出大约1/4，非建档立卡户的土地资源禀赋要优于建档立卡户；但无论是土地转入参与率、转出参与率还是总的土地流转参与率，建档立卡户均高于非建档立卡户，建档立卡户对农地流转市场表现出更为积极的态度。

第三章

双台村贫困状况与扶贫工作

第一节　双台村贫困状况

一　贫困规模

  2014 年，中国开始启动针对贫困人口的建档立卡工作。在此之前，中国只有贫困人口的统计数量，并不知道谁才是真正的贫困人口。建档立卡是各级政府对贫困户和贫困村建立档案，设置卡片，对贫困人口进行精准识别，并在此基础上开展帮扶行动。显而易见，对贫困人口开展建档立卡工作是开展精准扶贫、精准脱贫工作的基础和前提。表3-1列出了双台村全部住户类型的数量分布及其人口比例。

根据表3-1，截至2016年底，在双台村全部430个住户中，共有建档立卡户106个，非建档立卡户324个，分别占全部住户的24.65%和75.35%；建档立卡户人口228人，非建档立卡户人口1508人，分别占双台村全部人口的13.13%和86.87%；在全部建档立卡人口中，低保户人口和五保户人口分别占3.28%和0.17%，一般贫困户人口占8.64%，低保贫困户人口占1.04%。在建档立卡人口中，减去低保户、五保户人口，剩余的一般贫困户和低保贫困户的人口比例之和为9.68%。

表3-1　2016年双台村全部住户类型分布

类型	住户		人口	
	数量（个）	比例（%）	数量（人）	比例（%）
建档立卡户	106	24.65	228	13.13
一般贫困户	62	14.42	150	8.64
低保户	32	7.44	57	3.28
五保户	3	0.70	3	0.17
低保贫困户	9	2.09	18	1.04
非建档立卡户	324	75.35	1508	86.87
全部住户样本	430	100	1736	100

二　致贫原因

在建档立卡系统中有贫困户致贫原因指标，对这些致贫原因的统计可以得出不同原因致贫的比例。本次调查的行政村问卷选项中仅列出了当前中国农村地区最为重要的三种致贫原因——因病致贫、因学致贫、因缺劳动力致贫。图 3-1 显示了 2015~2016 年双台村贫困人口三大主要致贫原因的分布情况。

从图 3-1 可以发现，2015~2016 年，因病致贫、因学致贫、因缺劳动力致贫的人口比例在双台村建档立卡贫困人口的分布有所不同。在调查中发现，双台村因病致贫现象较多，由于疾病，家庭劳动力健康状况变差，使其丧失部分或全部劳动能力，进而导致家庭收入下降或贫困发生，所以，在这两年内，双台村因病致贫与因缺劳动力致贫几乎是同时发生，表现在图 3-1 中，就是因病致贫比例与因缺劳动力致贫比例是相同的。2015 年，因病致贫、因缺劳动力致贫比例为 42.7%，因学致贫比例为 57.3%；到 2016 年，因病致贫、因缺劳动力致贫比例有所上升，为 56.1%，而因学致贫比例下降为 43.9%。阿马蒂亚·森在《贫困与饥荒》中指出，贫困的实质是能力缺乏和"能力贫困"，对于双台村的现有贫困群体来说，提高其发展能力是脱贫致富的根本之策。

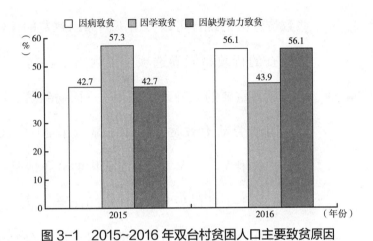

图 3-1　2015~2016 年双台村贫困人口主要致贫原因

第二节　双台村扶贫措施

表 3-2 列出了 2016 年双台村的扶贫发展干预项目。从中可以看到，2016 年，双台村的扶贫项目涉及新建村内道路、小型水利工程、基本农田建设改造、危房改造、培育特色产业项目等多个方面；从扶贫项目资金规模来说，2016 年双台村的扶贫措施主要集中于基础设施建设、发展产业两个方面。

首先是基础设施建设项目。双台村虽然地处华北平原地区，地势平坦开阔，但道路交通条件并不好。本村通向镇政府的道路虽已硬化，但道路年久失修，通行条件差；更为重要的是，村内通组道路大多没有硬化，或者仅是简单地铺一些碎砖头炉渣，每遇下雨天气，道路泥泞不堪。2016 年，双台村投资 30 万元用于村内道路硬化，同时还投资 20 万元用于小型水利工程建设，改善村民生产生活条件。

其次是培育特色产业项目。2016 年，双台村投资 30 万元发展 13 个特色产业项目，其中财政专项扶贫资金 26 万元，受益农户 58 个。这些产业扶贫项目的实施对促进双台村经济发展和脱贫攻坚具有重要意义。

表 3-2　2016 年双台村扶贫发展干预项目

项目	数量
新建村内道路	
受益户（个）	300
总投资（万元）	30
小型水利工程	
数量（个）	1
受益户（个）	400
总投资（万元）	20
基本农田建设改造	
数量（亩）	2400

项目	数量
危房改造	
数量（户）	1
人居环境改善	
受益户（个）	400
培育特色产业项目	
数量（个）	13
受益户（个）	58
总投资（万元）	30
财政专项扶贫资金（万元）	26
培育合作社	
数量（个）	1

图 3-2　双台村修缮后的道路

　　根据前文关于致贫原因的分析以及课题组在实际调研中的感知，双台村现有贫困群体存在的困难包括贫困户家庭成员健康状况不佳、家庭丧失劳动能力以及家庭教育支出较大等原因。表3-2所列出的2016年双台村扶贫发展干预项目虽然有利于发展农业生产、改善生活环境，但对于存在上述三种困难的贫困群体来说，还不能完全满足其脱贫需求。为实现双台村贫困群体的脱贫目标，还需要针对这部分贫困群体因人施策，进一步提高扶贫对象的精准度和扶贫措施的精准度。

第三节　国务院发展研究中心对双台村的帮扶措施

双台村是国务院发展研究中心的对口帮扶村。国务院发展研究中心对双台村的帮扶措施主要包括以下几个方面。

第一，加强基层组织建设。在国务院发展研究中心驻村工作队的帮助下，双台村以党建为统领，狠抓两委班子、党员队伍、后备干部建设，基层组织建设焕然一新。为改善党员队伍年龄和知识结构，在2018年发展了3名年轻党员，同时吸引在外打工、经商、有参军和培训经历的年轻人员回村创业。在山东省龙口市委市政府、全国前500强民企南山集团、山东昌辰集团等政府和企业的大力支持下，双台村自2018年起，每年安排3~5名双台村青年骨干在南山学院企业管理系免费培训，在南山集团、昌辰集团等所属企业实习，为双台村的发展打造一支过硬的组织队伍。为保证村集体经济健康发展，防止腐败现象和违法违纪现象发生，双台村制定了《集体经济运营管理办法》《公用财产管理使用办法》《村务公开实施细则》等制度规定，同时成立了村民监督委员会，由党员代表、村民代表组成，采取岗位轮换制，并定期邀请县、镇两级审计部门进行审计，以管理好、使用好扶贫专项资金和按期偿还扶贫贷款。

第二，打造发展平台。沿着"立足现实、宜农则农、整合资源、集体发展"的目标方向，着力打造"玉带种养服务农民专业合作社""双台文化旅游开发有限公司"两个实体平台，以自身资源优势借助社会力量，拉开发展村集体经济的序幕。双台文化旅游开发有限公司为双台村引进了海草编织加工项目，并开办了双台村草编加工工艺品厂，带动了双台村50余户200多人年人均增收7000元。双台文化旅游开发有限公司设计的双台村农业产业链项目得到了盛世之风（北京）贸易有限公司和深圳智付科技集团的一期联合投资500余万元，计划于2019年下半年实施投产，可在双台村解决50个就业岗位。

第三，发展特色产业。国务院发展研究中心驻村工作队通过深入细致的调查研究，为双台村制定了"通过做好产业实现就业、通过引进项目学会技术、通过帮扶实现互助、通过脱贫实现致富"的脱贫路线。

国务院发展研究中心下属的国研集团出资30万元，在双台村实施了辣椒套种洋葱的产业扶贫项目。

图3-3 双台村辣椒套种洋葱产业扶贫项目

该项目占地 140 多亩，由国务院发展研究中心驻双台村工作队与双台村村委会共同运营管理。这一项目利用国务院发展研究中心的人才资源、经营管理优势与双台村的劳动力、土地及便利的水利灌溉条件，与河北辰阳农业开发有限公司签订协议，由后者提供种植技术指导和销售渠道。项目投产后，每亩土地每年实现直接经济效益 4500 元，每年总收益达 63 万元，直接带动 60 个贫困户脱贫致富。

大名县即家喻户晓的《水浒传》中的大名府所在地，在宋朝称北京，作为开封的陪都，后来卫河、漳河泛滥将大名府埋在了地下，而双台村正处于原大名府遗址上方。利用这一历史文化资源，国务院发展研

图 3-4　双台村大名府故城遗址

图 3-5　大名府故城遗址位置

图 3-6　双台村出土文物

究中心帮助双台村认真筹划，并帮助后者积极争取上级支持，打造"文旅小镇"，大力发展历史文化旅游。

在国务院发展研究中心的帮扶下，双台村已实施了入股大名建兴家具、玉带种养合作社寄养肉羊、村级光伏发电、藤编加工、草编加工、中药种植等6个产业项目，拿到了1.5亿元的肉羊购销大单；村集体企业开发出"五礼记""宋府御厨"两个品牌三个系列的工艺品、纪念品、食品共16个品种的产品，产业扶贫覆盖率达100%，"造血"功能初显，贫困户家家参与了产业、户户拿到了分红。

第四节　双台村扶贫效果评价

为详细考察农户对扶贫工作的满意度及扶贫效果评价，《精准扶贫精准脱贫百村调研住户调查问卷》对建档立卡户和非建档立卡户均设置了以下三个问题："政府为本村安排的各种扶贫项目是否合理？""本村贫困户选择是否合理？""本村扶贫效果评价"；同时，还单独对建档立卡户设置了以下两个问题："为本户安排的扶贫措施是否适合？""本户到目前为止的扶贫效果如何？"下面根据住户样本对以上问题的回答来了解双台村精准扶贫工作的效果。

表3-3列出了建档立卡户和非建档立卡户对本村政府安排扶贫项目合理性、本村贫困户选择合理性和本村扶贫效果的评价情况。从表3-3中可以看出，建档立卡户和非建档立卡户对扶贫项目合理性、贫困户选择合理性和本村扶贫效果这三方面的评价存在明显差异。对于建档立卡户，其对扶贫项目合理性、贫困户选择合理性持正面评价（"很合理""比较合理"）的比例高达80%左右，对本村扶贫效果持正面评价（"很好""比较好"）的比例也达到50%以上。相比之下，非建档立卡户对扶贫项目合理性、贫困户选择合理性、本村扶贫效果持负面评价（"不太合理""很不合理"和"不太好""很不好"）的比例分别为22%、28%和14%，认为"说不清"的比例也分别达到28%、22%和38%。如果将"说不清"这一选择和负面评价都视为消极评价，则可以认为，双台村大约50%的非建档立卡户对于扶贫项目合理性、贫困户选择合理性和本村扶贫效果的评价均是消极的。建档立卡户和非建档立卡户对上述问题的评价

所存在的显著差异，可能是两类农户实际享受到的帮扶或补贴政策存在差异所致，也可能是相关扶贫工作精准性不足、农民群众存在情绪所致，但无论如何，非贫困群体对当前扶贫政策的感受和评价值得注意。

表3-3　双台村住户样本对本村扶贫工作的评价

单位：%

项目	建档立卡户	非建档立卡户
政府为本村安排的各种扶贫项目是否合理？		
很合理	19.51	2
比较合理	58.54	38
一般	2.44	10
不太合理	4.88	18
很不合理	2.44	4
说不清	12.20	28
本村贫困户选择是否合理？		
很合理	24.39	4
比较合理	60.98	30
一般	2.44	16
不太合理	2.44	24
很不合理	0	4
说不清	9.76	22
本村扶贫效果评价		
很好	14.63	0
比较好	41.46	24
一般	24.39	24
不太好	7.32	12
很不好	2.44	2
说不清	9.76	38

表 3-4 列出了建档立卡户对本户扶贫措施和扶贫效果的评价情况。从中可以看出，建档立卡户对为本户安排的扶贫措施和本户扶贫效果的正面评价（"非常适合""比较适合"或"非常好""比较好"）均呈现较高的比例，分别达到了 73.17% 和 53.66%。由此可见，建档立卡户自身对本户所享受的扶贫措施和扶贫效果的满意度是比较高的，这从贫困群体的亲身感受方面反映出其对双台村基层扶贫工作给予了正面认可。

表 3-4　双台村建档立卡户对本户扶贫工作的评价

单位：%

项目	评价结果占比
为本户安排的扶贫措施是否适合？	
非常适合	14.63
比较适合	58.54
一般	9.76
不太适合	4.88
很不适合	2.44
说不清	9.76
本户到目前为止的扶贫效果如何？	
非常好	12.20
比较好	41.46
一般	17.07
不太好	14.63
很不好	2.44
说不清	12.20

总的来说，双台村建档立卡户和非建档立卡户对扶贫工作的评价存在明显的差异，建档立卡户持有正面评价态度的比例较高，而非建档立卡户中态度消极者较多，其原因可能是两类农户实际享受到的扶贫政策待遇不同，也可能是相关扶贫工作精准性不足、部分农民群众存在情绪。同时，建档立卡户自身对于本户所享受的扶贫措施和扶贫效果的满意度比较高，这也表明，双台村的扶贫工作在相当程度上得到了贫困农民群众的正面肯定和支持。

图 3-7　双台村群众文化活动

第四章

调研结论、存在问题与政策建议

第一节　调研结论

本节根据课题组在河北省大名县大街镇双台村的调研，对大名县及双台村的精准扶贫精准脱贫工作情况进行了认真考察和梳理，主要得到以下调研结论。

第一，由于经济基础薄弱，对外开放水平不高，大名县经济发展水平均低于河北省平均水平，更低于全国平均水平，面临赶超全省乃至全国经济发展水平的艰巨任务。迄今为止，大名县依然存在规模较大的贫困人口。截至 2016 年，大名县贫困发生率约为 6.4%，高于全国水平 4.5% 将近 2 个百分点，依然面临较为艰巨的脱贫攻坚任务。

第二，大名县按照中央、河北省及邯郸市关于脱贫攻坚工作的一系列部署和要求，在国务院发展研究中心的对口帮扶下，因地制宜，多措并举，认真开展精准扶贫、精准脱贫工作，脱贫攻坚取得了显著成绩。大名县所采取的精准扶贫工作主要包括以下内容：针对无劳动能力和有劳动能力的贫困群体，分类施策，以发展教育、社保兜底、发展产业、转移就业等多种措施促进脱贫；充分发挥财政资金增信作用，成立以县级财政资金主导、不以营利为目的的政策性扶贫担保机构和融资平台；深化政银合作，推进农村金融创新，开发"金扶通""金财通""助保贷""政银保"等信贷产品，破解贫困户、扶贫龙头企业抵押难、担保难问题；积极引导社会资本投入扶贫事业，采取"政府＋知名企业＋贫困户"的合作模式，使知名企业落户大名，主动参与扶贫开发。

第三，大名县大街镇双台村整体经济发展水平较为落后，属于资源禀赋缺乏、产业结构单一、收入水平较低的贫困村典型代表。与河北省农村、全国农村平均水平相比，大名县大街镇双台村农户收入水平及收入构成主要呈现以下特征：总收入水平较低；总收入中工资性收入、家庭经营净收入占比低，转移性收入占比高。上述特征在建档立卡户中表现得尤其明显，非建档立卡户除收入水平较低外，收入构成情况与河北省农村和全国农村平均水平较为类似。

一般来说，工资性收入和家庭经营净收入主要是农户依靠自身人力资本、物质资本等资源禀赋所获取的收入，其水平高低是农户自身资源禀赋大小和发展能力高低的反映。与河北省农村和全国农村相比而言，双台村农户的工资性收入和家庭经营净收入的数额和比重均比较低，转移性收入占比却远高于河北省农村与全国农村水平，表明双台村农户自身人力资本、物质资本等资源禀赋相对缺乏，自主发展能力不足。

无论是收入水平高低判断还是收入满意度评价，双台村均有超过一半的住户样本给出了负面的评价，表明大多数的双台村住户样本对其目前的收入状况是不满意的。从各类住户的收入水平高低判断与收入满意度评价之间的差异上来看，双台村出现了农户真实收入水平与收入高低判断及收入满意度评价之间的不一致的现象，即一般贫困户、低保贫困户、低保户在真实收入水平上低于非贫困户，但其收入高低判断及收入满意度评价高于非贫困户。这种不一致现象可能与所谓的"伊斯特林悖论"有关。

第四，在消费水平上，2016年双台村农村居民人均消费支出相当于河北省农村与全国农村居民平均水平的大约60%、全国贫困地区农村平均水平的大约80%。进一步的考察发现，双台村各种类型住户样本的家庭人均消费水平均远低于河北省农村、全国农村及全国贫困地区农村居民的平均水平。同时，双台村农户的恩格尔系数为0.410，高于全国贫困地区农村居民的恩格尔系数0.350，更是高于河北省农村居民的恩格尔系数0.280和全国农村居民的恩格尔系数0.322。上述情况都表明，双台村农民收入和福利水平均低于全国贫困地区农村居民、河北省农村及全国农村居民。

第五，从住房状况来看，双台村建档立卡户和非建档立卡户所拥有的自有住房套数、当前居住住房的建造或购买年代差异并不大，但非建档立卡户当前居住住房的危房比例相对较低，全部自有住房的总建筑面积和人均建筑面积均高于建档立卡户。建档立卡户和非建档立卡户在许多住房配套设施上相差不大，如互联网宽带、入户路、最主要炊事用能源、主要饮用水源、厕所、生活污水排放等；在主要取暖设施、沐浴设施、生活垃圾处理等方面，非建档立卡户的条件要优于建档立卡户。

第六，从双台村村民个人特征来看，建档立卡户村民比非建档立卡户村民的受教育程度较低，住户成员基本上是普通村民，没有村干部、教师医生、村民代表等。除此之外，建档立卡户和非建档立卡户的住户成员没有其他显著差异。受教育程度是人力资本水平的重要体现，受教育程度的差异无疑是非贫困户能够获得较高收入、建档立卡户收入水平较低的重要原因之一。

第七，从双台村劳动力特征来看，建档立卡户与非建档立卡户相比，建档立卡户不仅劳动力平均人数较少（建档立卡户劳动力平均人数 1.90 人，非建档立卡户劳动力平均人数 2.24 人），非农就业劳动力人数也较少（建档立卡户非农就业劳动力平均人数 0.63 人，非建档立卡户非农就业劳动力平均人数 0.98 人），非农就业劳动力占全部劳动力的比例也比较低（建档立卡户非农就业劳动力人数占全部劳动力人数的 28.65%，非建档立卡户非农就业劳动力人数占全部劳动力人数的 42.55%）。与此相反，非建档立卡户则呈现劳动力平均人数较多，非农就业劳动力人数及其占全部劳动力的比例较大的特征；在非建档立卡户非农就业劳动力中，异地转移就业劳动力人数及其占全部劳动力的比例均比较高。

第八，在资产状况上，双台村建档立卡户所拥有的生产性资产要少于非建档立卡户，表明建档立卡户的资本要素资源禀赋要低于非建档立卡户，非建档立卡户在生产经营上具有资本要素优势；就非生产性资产来说，非建档立卡户所拥有的非生产性资产的户均市场估值大约是建档立卡户的 2.5 倍，表明非建档立卡户的生活水准和实际福利远高于建档立卡户。

第九，在农地资源上，非建档立卡户的人均自有土地面积和人均经营土地面积均比建档立卡户高出大约 1/4，非建档立卡户的土地资源禀赋要优于建档立卡户；但无论是土地转入参与率、转出参与率还是总的土地流转参与率，建档立卡户均高于非建档立卡户，建档立卡户对农地流转市场表现出更为积极的态度。

第十，2016 年双台村的扶贫项目涉及新建村内道路、小型水利工程、基本农田建设改造、危房改造、人居环境改善、培育特色产业项目、培育合作社等多个方面。双台村建档立卡户和非建档立卡户对扶贫工作的评价存在明显的差异，建档立卡户持有正面评价态度的比例较高，而非建档立卡户中态度消极者较多，其原因可能是两类农户实际享受到的扶贫政策待遇不同，也可能是相关扶贫工作精准性不足、部分农民群众存在情绪。同时，建档立卡户自身对于本户所享受的扶贫措施和扶贫效果的满意度比较高，这也表明，双台村的扶贫工作在相当程度上得到了贫困农民群众的正面肯定和支持。

第二节　基层扶贫工作中存在的问题

中国的扶贫事业自 1978 年以来，经历了体制改革推动扶贫（1978~1985 年）、大规模开发式扶贫（1986~1993 年）、扶贫攻坚（1994~2000 年）、扶贫开发（2001~2013 年）和精准扶贫（2014 年至今）五个阶段，在每一个阶段上都取得了显著成效，贫困人口大幅度减少，贫困发生率不断下降。然而，传统上，我国贫困人口数是由统计部门根据农村住户抽样调查数据推算出来的，只反映贫困人口规模，难以回答"贫困居民是谁""什么原因致贫""怎样有针对性地帮扶""扶贫效果如何"等问题，只有采用"精准扶贫"，政府才能真正解决上述问题。

"精准扶贫"理念的提出，可以追溯到20世纪所提出的"真扶贫、扶真贫"。党的十八大以来，党中央、国务院高度重视扶贫工作，精准扶贫理念逐渐成型。2012年12月29~30日，习近平总书记在河北省阜平县考察扶贫工作时强调，"要真真实实把情况摸清楚"，"要思考我们这个地方穷在哪里？为什么穷？有哪些优势？哪些自力更生可以完成？哪些需要依靠上面帮助和支持才能完成？要搞好规划，扬长避短，不要眉毛胡子一把抓。帮助困难乡亲脱贫致富要有针对性，要一家一户摸情况，张家长、李家短都要做到心中有数"。[①]2013年10月，习近平总书记到湖南湘西考察时，首次提出了"精准扶贫"的概念，即扶贫要实事求是，因地制宜，要精准扶贫，切忌喊口号，也不要定好高骛远的目标。[②]随之，中共中央办公厅印发《关于创新机制扎实推进农村扶贫开发工作

① 习近平：《在河北省阜平县考察扶贫开发工作时的讲话》，中国网，http://www.china.com.cn/lianghui/fangtan/2016-02/26/content_37881406.htm，2016年2月26日。

② 《习近平的"扶贫观"：因地制宜"真扶贫，扶真贫"》，人民网，http://politics.people.com.cn/n/2014/1017/c1001-25854660.html，2014年10月17日。

的意见的通知》，国务院出台《关于印发〈建立精准扶贫工作机制实施方案〉的通知》《关于印发〈扶贫开发建档立卡工作方案〉的通知》，对精准扶贫工作模式的顶层设计、总体布局和工作机制等方面都做了详尽规制，推动了习近平精准扶贫重要论述的全面开展。2015 年 6 月 18 日，习近平总书记在贵州召开部分省（自治区、直辖市）党委主要负责同志座谈会，提出了"六个精准"，即扶贫对象精准、措施到户精准、项目安排精准、资金使用精准、因村派人精准、脱贫成效精准，这是对精准扶贫的最精准的诠释。[1]

"精准扶贫"是与"粗放扶贫"相对的概念。在以往的扶贫实践中，扶贫对象多由基层干部推测估算，扶贫资金"撒胡椒面"，各级贫困县为保"贫困帽"而在数字上弄虚作假，扶富不扶穷等现象大量存在。这种粗放式的扶贫方式，造成扶贫资源的极大浪费，导致部分地区"年年扶贫年年贫"。因此，必须解决扶贫资金和政策"给谁用""怎样用""效果如何"等问题，这只有"精准扶贫"才能实现。"精准扶贫"即精准识别贫困对象，深入分析致贫原因，有针

---

[1] 《六个精准》，人民网，http://theory.people.com.cn/n1/2017/0906/c413700-29519522.html，2017 年 9 月 6 日。

对性地制定帮扶措施，集中力量予以扶持，切实做到"扶真贫""真扶贫"，以实现扶贫资源的最优配置。

目前，我国扶贫开发已经从以解决温饱为主要任务的阶段转入巩固温饱成果、加快脱贫致富、改善生态环境、提高发展能力、缩小发展差距的新阶段。因此，《中国农村扶贫开发纲要（2011~2020 年）》明确提出，"到 2020 年，稳定实现扶贫对象不愁吃、不愁穿，保障其义务教育、基本医疗和住房。贫困地区农民人均纯收入增长幅度高于全国平均水平，基本公共服务主要领域指标接近全国平均水平，扭转发展差距扩大趋势"。课题组在河北省大名县大街镇双台村的调研工作中发现，随着精准扶贫战略的全面实施，河北省大名县脱贫攻坚工作取得了显著成效，但基层扶贫工作也呈现一些新情况、新问题，需要加以克服和解决。

一 以改革促发展促脱贫未得到充分重视

我国改革开放及扶贫攻坚的历史经验表明，深化农村经济体制改革，释放农村生产要素巨大潜能，增强农村经济发展活力，是促进农业和农村经济发展、农民增收乃至最终消除贫困的主要手段。目前，为按期完成脱贫任务，各地都在按照脱贫标准开展项目建设，尤其是在基础条件较差的深度贫困地区，由于历史欠账较多，项目建设压力较大，无暇进行农村制度性改革探索。乡村资源的优化配置、经济社会的长远发展离不开农村经济体制改革的深入推进，忽视制度改革可能使贫困地区、贫困群体在现有经济管理体制的约束下难以实现根本性、持久性的脱贫。

二　产业扶贫措施不完善

产业扶贫是扶贫工作主要内容之一，全国各贫困地区都在积极推进产业实现转型升级。但是，在当前政府主导性的脱贫攻坚工作中，如何进行产业选择，是一个极其重要并且极具挑战性的问题。徐翔、刘尔思指出，产业扶贫是以市场为导向、经济效益为中心、产业集聚为依托、资源开发为基础，对贫困地区的经济实行区域化布局、工业化生产、一体化经营、专门化服务，形成一种利益共同体的经营机制，把贫困地区产业的产前、产中、产后各个环节统一为产业链体系，通过产业链建设来推动区域扶贫的方式。梁晨通过对武陵山部分地区的产业扶贫调研指出，"产业"意味着市场机制在资源配置中起到决定性作用，而"扶贫"本身则属于社会政策范畴，是通过行政手段配置公共资源的机制，其目的是使贫困人口获得产业发展的能力，从而脱贫致富。因此，市场逻辑与行政逻辑之间的张力如何调节和消解是产业扶贫需要解决的首要问题，也是地方政府要在实践中解决的首要问题。从各地脱贫攻坚的实践情况看，普遍将调整农业种植结构、延长农业产业链价值链、发展高附加值的产业环节、扩展农业多种功能、培育乡村新产业新业态作为重点发展方向。但是，受发展基础、要素条件和发展理念等诸多因素的制约，贫困地区产业扶贫工作措施存在一些不完善之处，主要表现在以下几个方面。一是种植面积和养殖数量迅速增加的同时，产业链前端良种培育、后端仓储、加工等环节的相关措施准备尚不充分，可能会使产业扶贫项目在后续发展过程中面临较高的市场风险。二是忽视乡村地域区位条件、特色资源禀赋和都市圈消费人群的特征，千篇一律地将发展休闲农业、乡村旅游作为产业扶贫的切入点。应当清醒地认识到，任何产业发展都存在供求平衡的客观市场规律，需要防止主要由行政力量推动的超越现实需求的过度和过量扩张，从而避免因产业供过于求带来较大的利益损失。

三 扶贫工作中形式主义严重

在调研中，基层干部普遍反映扶贫工作表格数量过多，检查验收频繁，给扶贫干部增加许多工作压力。扶贫信息需按国有、省级、市级、县级四套系统分别录入，每套系统都需要录入大量基础数据，且不同系统之间的信息无法共享，造成基础任务艰巨、工作繁重。为完成检查和考评任务，扶贫干部需填写各类表册，完成各种汇报、总结，成为所谓的"表哥""表姐"。再加上各种陪同检查、验收，使扶贫干部疲于应付，难以把全部时间精力务实高效地投入基层扶贫工作中。

四 "边缘贫困"群体缺乏政策帮扶

脱贫攻坚战中，贫困户受到精准式集中扶持，脱贫效果明显。而收入水平略高于建档立卡贫困户的"边缘贫困"群体却缺乏必要的政策帮扶。实际上，边缘群体生活状况与贫困群体相差无几，甚至还低于获得扶持后的贫困家庭。如果边缘群体因病、因残、因灾、因失业等造成收入减少、支出增加，极易滑入贫困。既有政策措施大多属于事后补救，很难对其提供及时有效的帮扶。以双台村村民付某为例，早年卖化肥农药等农业生产资料，十多年前就盖起了装修不错的两层小楼，属于较早富裕的群体。但其 2015 年因车祸高位截瘫，长期卧病在床，生活不能自理，并且需要家人照料。在经济支柱倒下后，其家庭经济状况迅速恶化，现在还在享受低保待遇，属于典型的"边缘贫困"群体。由于贫困户（村）与非贫困户（村）在享受产业扶贫、基础设施建设、公共服务、救助政策等方面"泾渭分明"，容易引起新的不平衡甚至矛盾，使"边缘贫困"群体对党和政府的扶贫政策产生较大的抵触心理。这种现象已经引起基层工作人员的忧虑和担心，应当成为一个值得高度重视的问题。

五　群众积极性有待提高

我国目前的脱贫攻坚工作，人、财、物等外力投入达到了空前的水平，但内生动力的激发和调动则不尽如人意。现实中部分贫困群众缺乏通过自身努力、自力更生脱贫致富的内在冲动，把脱贫攻坚等同于政府给钱给物，存在严重的"等靠要"思想，"靠着墙根晒太阳，等着别人送小康"，把党和政府、社会各界对他们的倾力无私帮扶看成理所当然的事，心安理得，消极等待。在基层扶贫工作中，出现了"干部加油干、贫困户慢、非贫困户看"的现象。虽然各级扶贫干部的工作十分辛苦，但部分群众积极性不高。扶贫工作本来是为农民群众办好事，但干群之间扶贫步骤不协调、工作热情有落差。之所以出现这种现象，既有市场经济条件下社会群体利益多元化、价值观多元化的客观原因，也有政府经济社会管理方式陈旧、行政命令式工作作风依然存在等主观原因。没有贫困地区、贫困人口内生动力的有效生成和积极性、主动性的全力激发与调动，脱贫攻坚成果的巩固与贫困地区可持续发展是很难实现的。

六 贫困地区可持续发展能力有待增强

在当前的脱贫攻坚工作中，政府及社会各界对贫困地区与贫困群体投入了巨大的人力、物力、财力，力争到2020年能够实现在现行标准下农村贫困人口脱贫、贫困县全部摘帽，但贫困地区和贫困人口的可持续发展问题值得关注，其可持续发展能力有待增强。根据历年《中国统计年鉴》的相关数据，2010~2017年，全国农村居民转移性收入占其人均收入的比重由7.65%提高到19.40%，经营性收入和工资性收入所占比重由88.97%降低到78.30%。如果单从贫困人口的收入构成看，转移性收入占比可能更高。但是，依靠转移性收入实现脱贫摘帽是不可持续的，而且转移性收入有"天花板"效应。只有当有劳动能力的贫困人口能够依靠发展产业和劳动就业脱贫，其收入构成真正以经营性收入和工资性收入为主，同时财产性收入有较大提高，从而不再主要依靠转移性收入来增收的时候，这样的脱贫才是可持续的，脱贫结果才是真实的，脱贫成效才真正能获得群众认可、经得起实践和历史检验。

七 扶贫资金股权量化改革成效存疑

课题组在双台村调研中发现，地方政府对部分财政扶贫及财政支农资金实施股权量化改革，将用于贫困户的扶贫资金作为股权投资，投入农业合作社、龙头企业等经营主体中，贫困户每年收取固定股息，形成资产收益。在大名县以及全国许多地方，这种扶贫资金股权量化改革的做法较为普遍，虽然这是一种具有创新意义的扶贫改革实践，但其存在的问题及风险也需要认真分析与及早应对。

扶贫资金股权量化改革的做法较早出现于四川省。2014~2015年，四川省先后制定《关于推进财政支农资金形成资产股权量化改革试点的意见》（川办发〔2014〕100号）及《关于印发创新投资收益扶贫新模式试点方案的通知》（川财农〔2015〕104号），在全国率先提出"贫困户优先股"和"贫困户股份"的概念，通过对财政支农资金、财政扶贫专项资金实施股权量化改革，使贫困户在财政支农资金及扶贫专项资金形成资产中持有一定的股份并获得资产收益。具体来说，"贫困户优先股"针对的是财政支农资金投入农民专业合作社形成的资产，在股权量化时，划出一部分设立贫困户优先股，剩余部分再量化给社员。鼓励龙头企业与农民专业合作社或农村集体经济组织共同利用财政支农资金成立实体，农民通过合作社或农村集体经济组织持有实体的股份，可设立贫困户优先股，剩余股份再按规定量化。对于财政专项扶贫资金投入形成的资产，将全部以优先股的形式量化给贫困户，并参照商业银行一年期定期存款利率，确保贫困户分红底线。"贫困户股份"是针对财政支农资金投入农村集体经济组织形成的资产，可先设立贫困户股份，仅贫困户享受，剩余部分再按一人一股量化给农村集体经济组织成员。对于贫困户股份，遵循"谁贫困谁享受"的原则，脱贫后即自动退出，股份将分配给新增贫困户或者均分给其他贫困户，继续履行其扶贫功效。"贫困户优先股"突出"优先"，在财政支农资金使用过程中适度向贫困户倾斜，为其增加长期稳定的收入来源。"贫困户股份"突出"特惠"，作为一项贫困保障机制，为贫困户兜底。

客观分析，扶贫资金股权量化改革具有下列创新性的实践意义：一是既有利于财政扶贫资金精准"滴灌"，又避免财政扶贫资金"养懒人"的现象。新一轮财政扶贫要求做到精准"滴灌"，扶贫资金务必精准使用并做到资金到户，但大量财政资金到户容易引起"养懒人"的现象，因此，扶贫措施必须对症施策。此次改革改变传统扶贫资金投入使用方式，通过扶贫资金股权量化改革，将受益对象覆盖到全体贫困户，既实现了扶贫资金精准"滴灌"，又发挥了扶贫资金的集聚效应，更避免了财政扶贫资金"养懒人"的现象。二是有利于现代农业生产的规模化、集约化和专业化。农村贫困农户大多分散居住，而且较为偏远，发展现代农业生产的条件差，对接市场的能力弱，短期内实现脱贫增收的难度大。借助此次扶贫资金股权量化改革，用好"利益纽带"，可以将分散居住的贫困户尽可能集中统一起来，组织开展规模化、专业化、集约化的生产建设，发挥农业企业、业主大户、专业合作社的社会责任和历史担当，通过"先富带动后富"，使农村贫困农户尽早摆脱贫困。三是有利于贫困农户"共享"财政扶贫效益。借助扶贫资金股权量化改革，贫困户在产业发展中享有"贫困户优先股"和"贫困户股份"，对财政扶贫资金及财政支农资金所形成的资产和收益，贫困户都有权享受，使贫困户的"主人翁"地位凸显，这既有利于调动贫困农户参与生产的积极性，也有利于发挥各类投资的最大效益。

在扶贫攻坚的关键时期，地方政府通过对创新投资收益扶贫新模式的探索，实现了财政资金的"精准扶贫"，加快了建档立卡贫困户的"脱贫致富"。但同时，作为一项创新模式，在对财政支农资金及财政扶贫专项资金实施资产收益股权量化改革的过程中，存在一些潜在的问题及风险。具体包括以下几方面。第一，产业经营主体生产经营风险难以防控。从改革试点的地区看，无论是财政支农资金股权量化改革，还是财政扶贫专项资金股权量化改革，基本都要求对贫困户实施"保底分红"，但农村产业发展面临的不确定因素较多，例如，自然灾害、瘟疫病害以及农产品市场价格波动等。特别是在贫困地区，自然环境恶劣，遇到严重自然灾害，农作物会不同程度减产甚至绝收。此外，肥料、农药等物资价格可能上涨，劳动力价格上涨等因素造成生产成本不断增加，这加剧了新型经营主体经营风险，导致收益波幅较大。此时，"保底分红"的政策将难以贯彻实施，财政资金股权量化改革也将难以平稳推进。此外，一些企业利用了贷款，但是经营亏损，可能导致企业和贫困户之间产生矛盾纠纷。第二，贫困户难以二次分红。目前，产业经营主体对贫困农户主要采取"保底分红"政策，很多贫困户受"旱涝保收"思想的影响，未能积极主动参与产业的生产经营，更不愿承担产业经营主体可能面临的亏损风险。因此，即使在盈利的年份，产业经营主体也仅是按照股权比例对贫困户进行"保底分红"，加上经营主体财务制度尚未健全，对其经营的成本收益缺乏科学核算和认定，贫困户很难从产业经营利润中获得二次分红。第三，不符合中央扶持贫困户自身发展的扶贫理念。严格来说，扶贫资金股权量化改革的做法只是"授人以鱼"的形式，贫困户并非通过强化自身发展能力、创收能力而获得收入，而是一种变相的转移支付、不劳而获。因此，这种做法违背中央扶贫理念和"授人以渔"的原则。

八　扶贫资金来源单一

调研中发现，扶贫资金主要来源于财政资金，特别是中央财政投入，社会资本与社会力量参与扶贫的机制尚未建立，多元投入主体比较缺乏。在脱贫攻坚过程中，由于国家扶贫资金的大量投入和采取"超常规"的办法，贫困地区农民增收效果显著。从2013年到2017年，中央财政每年投入的专项扶贫资金从

394 亿元增加到 861 亿元，累计达到 2822 亿元，平均每年增长 22.7%。在此期间，中央还安排地方政府债务 1200 亿元用于改善贫困地区生产生活条件，安排地方政府债务 994 亿元和专项建设资金 500 亿元用于易地扶贫搬迁。2018 年，中央财政又安排补助地方财政专项扶贫资金 1061 亿元，比 2017 年增加 200 亿元，增长幅度达 23.2%。虽然政府财政对脱贫攻坚的投入力度较大，但据有关专家测算，目前我国有超过 3 万亿元的"三农"资金缺口，依靠财政支出显然是无法弥补的。扶贫资金主要来源于政府财政、多元投入主体缺乏的情况会使脱贫进程及脱贫效果的巩固受限于政府财力，从而会对脱贫的可持续性产生潜在的不利影响。

九 农村金融发展严重滞后

首先，农村金融体系发展仍然不足，影响贫困户获得多元化商业性或合作性金融服务。农村金融机构的一般金融服务本应提供有针对性、差异化的金融服务，为不同的群体提供量身定制的金融产品，其中也包括专门面向贫困户、精准扶贫贷款之外的小额贷款。但是，我国的农村金融体系仍然发展滞后，缺乏这种量身定制的金融产品。课题组在大名县及双台村调研时发现，在当地的农村金融服务体系中，存在农信机构在信贷市场一家独大的状况；非点式的、成片分布的合作金融组织缺位；政策性金融的定位不够准确，没有代表国家对商业性和合作性金融提供辅助性支持，还可能对商业性金融和合作性金融产生挤出效应；农村和县域缺少立足社区、特色鲜明的中小金融机构。总体上，农村金融投入的多样性不足，农村金融服务同质化问题严重，不能有效匹配脱贫攻坚的多样化金融需求。

其次，农村金融基础设施建设和配套机制有待加强，影响贫困户和一般农户获得信贷资金。农村金融基础设施建设仍然存在不足之处，表现在农村信用体系建设仍不完善；农业农村和县域的财产权利抵押登记、评估、流转等金融基础设施建设仍然不能满足现实需求；服务"三农"的融资担保机制及融资担保体系与银信机构的合作机制仍不完善，资本补充不畅，抵押物处置困难，没能有效发挥应有作用。

第三节　进一步完善精准扶贫精准脱贫工作的政策建议

一　树立以改革促发展促脱贫的工作方针

各地区、各部门应该将改革创新作为贫困地区持续脱贫发展和乡村振兴的重要内容，向改革要发展，以创新谋脱贫，由此形成脱贫攻坚和乡村振兴的强大动力。当务之急，需要重点推进以下两项制度创新。

第一，加快农村土地制度改革。土地是农民群众最重要、最具潜力的资源。近年来，各地围绕如何盘活农村土地资源，开展了丰富多样的实践探索，但总体上看，土地制度改革亟待深化。一是要鼓励农村集体经济组织在符合规划的前提下，直接参与土地开发，或者以联营、联建、入股等多种形式开发存量建设用地。二是在保证数量占补平衡、质量对等的前提下，探索支持农村分散零星的集体经营性建设用地调整后集中入市，重点用于发展乡村产业。三是加快推进农村宅基地制度改革，允许腾退宅基地转变为经营性建设用地，直接入市或以"地票"形式间接入市。四是缩小征地范围，为农村集体经营性建设用地入市提供空间。同时，在征地过程中全面建立并落实村级经济发展留用地制度，采用"优先预留、优先规划、先留后征"的方法发展村级集体物业。

第二，高度重视人力资本在脱贫攻坚和乡村振兴中的重要作用。改革开放以来，贫困地区"孔雀东南飞"现象普遍，人力资源流失严重，日益面临人力资本匮乏的局面。当前，城市人才、技术要素流入农村及贫困地区既面临体制障碍，又存在激励不足的问题。高度重视人力资本在脱贫攻坚和乡村振兴中的重要作用，一是需要建立健全多层次、多形式的新型职业农民教育体系，改革农民培训制度，形成技术培训、学校教育等多种培训形式，健全以政府购买服务为主要形式的新型职业培训服务，大力激发更多的农民成为新型职业农民。二是大力挖掘和培养乡村本土人才，通过设立奖励基金、创业基金、传统文化技能工作室等方式，激活乡村人才传承和发扬传统文化的动力。三是建立农民工返乡创业的多元激励机制，改善乡村创业环境，激活返乡下乡创业就业动力。四是探索多种形式的乡村引才引智方式，促进各类人才流向和留在农村。

除推进农村土地、人才制度创新之外，在精准扶贫及乡村振兴工作中还应大力推进农村集体经济产权制度、城乡户籍制度等领域的改革，大力推进城乡基本公共服务一体化和均等化，提高现代农业发展水平和城乡融合发展水平。在符合条件的贫困地区，应该鼓励其探索实行更加灵活的改革措施，通过深化经济体制改革和社会管理体制改革，形成贫困地区和贫困群体可持续发展的强大动力和坚实基础。

二 完善产业扶贫措施

引导扶贫产业优化升级，加强各部门、各地区在扶贫产业规划过程中的沟通协作，根据各地区比较优势和区域整体发展目标合理布局扶贫产业，科学确立扶贫产业。

第一，充分发挥社会与市场的力量。在脱贫攻坚及乡村振兴工作中，政府的工作重点在于完善基础设施、改善公共服务供给，同时积极鼓励和引导社会与市场的力量在脱贫攻坚和乡村振兴中发挥作用，充分统筹行业协会、社会组织、企业等各方面力量，构建大产业扶贫格局，促进乡村产业可持续发展。特别是要积极引导企业参与扶贫开发与产业振兴。鼓励企业在贫困地区乡村投资设厂，吸纳就业，扶贫助贫。对吸纳贫困人口、农民就业的企业，给予税收、贷款等方面的支持。

第二，做好市场分析与产业选择。为防止扶贫产业同质化、低端化倾向，避免增产不增收甚至减收问题，应当全面深入地进行农产品市场分析与产业发展预测，做好产业规划。要根据市场前景和资源禀赋条件，因地制宜、精心培育具有乡土特色和资源优势的产业，着力解决产销脱节的问题。引导有条件的贫困村合理发展能够凸显地区特色的观光农业、乡村旅游、生态康养等产业，实现三次产业融合发展，但切忌不顾实际，一哄而上，造成扶贫资源浪费。重视扶贫产业与生态环境的协调性，树立"绿水青山就是金山银山"的生态发展理念，防止产业发展对贫困地区生态环境的破坏。

第三，努力发展新产业、新业态。要打破乡村只能搞农业的观念，破除约束乡村产业发展的政策，健全乡村产业用地、环保、信贷等配套政策，积极发展适合本地条件的加工业、服务业等新产业、新业态。

三　避免扶贫工作中的形式主义

充分发挥各地方政府扶贫办的统筹协调功能，将贫困户、贫困村的基础信息与各行业部门、帮扶单位互通共享，减少贫困村和各乡镇在材料提交中的重复工作，减少不必要的填表报数、挂图标牌等工作，使基层扶贫干部从繁重的表格填写和繁多的检查评价中解放出来，集中精力开展好精准扶贫精准脱贫工作。

四　努力提高群众积极参与扶贫工作的热情

首先，明确贫困地区群众的主体责任，强化主体意识。明确责任是做好工作的前提。贫困地区、贫困群众是脱贫攻坚的责任主体、工作主体、受益主体。2020 年完成脱贫攻坚任务，实现全面建成小康社会的目标是一项艰巨的任务，广大贫困地区、贫困人口脱贫致富完全由政府大包大揽，既不可能、不科学，也不可持续，必须从政策上、制度上和具体工作上明确贫困群众的主体责任，培育并不断强化其主体意识，变"要我脱贫"为"我要脱贫"，把贫困地区群众的积极性、主动性及其内生动力真正激发出来，调动起来，用好外力，激发内力，形成合力，进而凝聚成贫困地区经济社会可持续发展的强大力量。

其次，培养自力更生精神。在脱贫攻坚过程中，要把扶贫与扶志放在同等重要的地位，扶贫先扶志，治贫先治愚，要通过各种行之有效的措施，使贫困群众"人穷志不穷"，培养其自力更生、艰苦奋斗的精神，树立通过自身努力实现脱贫致富和可持续发展的决心，增强战胜困难的勇气，充分发挥主观能动性，通过自己勤劳的双手，在外力的有效推动下创造幸福美好的新生活。

最后，要创新基层扶贫工作机制和方法，最大限度地调动人民群众的积极性，使其积极主动地参与到改革和发展之中。在此方面，贵州省黔西南州的"四方五共"工作法具有一定的示范意义。贵州省黔西南州在易地扶贫搬迁工作中，政府、农民（搬迁户）、工商联（企业）和社会（民主党派、专家学者、社会团体、新闻媒体）等一起共商、共识、共建、共享、共担，通过民主协商形成共同认识，在此基础上共同建设，出现问题后共同承担责任。"四方五共"工作法符合社会管理创新方向，有利于调动社会各方面特别是贫困地区群众的积极性，在民主协商中解决矛盾和冲突。同时，也要发扬民主、集思广益，有利于及时发现和解决问题，杜绝资金管理漏洞和腐败现象，避免政府决策失误带来的损失。

五 加强社保体系对贫困群体的兜底保障功能

根据双台村调研结果可以发现，现有贫困群体中有相当多的比例为因病、因残致贫，也有不少家庭因为缺乏劳动力而陷入贫困。对于这部分群体的脱贫致富来说，产业扶贫、就业创业扶贫等措施无能为力，只能通过社保体系的兜底保障功能来解决其贫困问题。具体来说，要坚持"保基本、兜底线、促公平、可持续"的原则，进一步完善农村社会保障体系，对无法通过产业扶持和就业帮助实现脱贫的贫困人口实行政策性的兜底扶贫。

一是继续加强医疗保障。在对贫困户承诺实现的"两不愁、三保障"任务中，基本医疗有保障是相对短板，实现难度相对较大。要进一步强化基本医疗保险、大病保险、医疗救助、商业医疗保险等多重保障措施。同时，对于中老年农民心脑血管疾病、消化系统疾病等常见慢性病，还要进行早期干预，防患于未然。

二是做好扶贫保障性政策与低保、"五保"政策的衔接，最大限度发挥兜底保障作用。双台村仍未脱贫的贫困户很多都是一些重病、重残人员，需要"五保"低保政策兜底。脱贫攻坚战后期以及 2020 年后，扶贫政策需要根据贫困人口构成变化进行相应调整，尤其是扶贫保障性政策需要与民政部门负责的低保、"五保"、残疾人救助等政策进行统筹衔接，在认定标准、扶持救助、管理系统等方面并轨运行，从脱贫攻坚战转向社会保障常规战，筑牢扶贫防贫的安全线。

六　谨慎推进扶贫资金股权量化改革

首先，必须选准优势主导产业。产业效益是股权量化改革的生命力，选择的产业生命力强、市场行情好，则经济效益就好，农民群众获得的股权收益就多；反之，农民群众获得的股权收益就少，甚至有的经营主体不能支付最基本的股权收益。

其次，必须壮大产业经营主体。贫困群众股权收益与产业经营主体的经济效益直接挂钩，只有经营效益好，贫困群众的利益才有保障，如果产业经营主体难以运转，贫困群众不仅没有股权收益，势必还会造成土地难以复耕复种，留下诸多遗留问题。为此，地方政府必须加强对产业经营主体的培育，提高其生产经营管理水平，增强盈利能力，健全财务管理制度，保障贫困群体的股权收益。

最后，必须提高风险防控能力。防范生产经营风险是稳步推进扶贫资金股权量化改革的重要前提。对一些基础设施薄弱、自然条件极其恶劣、经常遭遇自然灾害的地区，要慎重选择股权量化改革。其他地区也要根据本地实际情况，因地适宜，提高农业生产的风险调控能力。

七　拓展资金筹集渠道以保障精准扶贫资金来源充足

应当建立以"财政投入为主，社会投入为辅"的扶贫资金来源渠道，各地在积极争取中央扶贫投入的同时，必须健全和完善省、市、县三级财政扶贫资金投入增长机制，将扶贫投入纳入各级政府财政预算，并根据地方财力的增长状况，逐年增加财政扶贫资金的投入比例。同时，把财政扶贫资金配套投入作为分配下一年度扶贫资金的主要依据，切实落实奖惩制度。加大扶贫工作宣传力度，完善社会资金管理办法，提高资金使用的透明度，引导社会资本参与扶贫。建立健全调动社会力量参与精准扶贫的政策导向机制，为社会力量参与精准扶贫提供各种便利条件和优惠政策，以健全和完善多元化的精准扶贫主体，拓宽扶贫资金来源渠道。加强同各行业、各部门和各类社会团体组织的协调沟通，扩大公益性扶贫范围，通过希望工程、巾帼扶贫、光彩事业、企业包村、富人反哺等社会扶贫方式，进一步增强全社会关心关注精准扶贫的责任感。

八 加快农村金融发展

首先，要大力促进商业性合作性金融机构提供普惠金融服务和政策性金融开展服务创新。一是进一步建立完善政策性、开发性、商业和合作金融协同发展的现代农业农村金融服务体系，鼓励开发性、政策性金融机构在业务范围内为乡村振兴提供中长期信贷支持，增强中长期信贷投放能力和差别化服务水平。二是充分发挥县域金融机构涉农贷款增量奖励等政策的激励作用，加大商业银行对乡村振兴的支持力度，加大对县域地区的信贷投放，积极实施互联网金融服务"三农"工程，着力提高农村金融服务覆盖面和信贷渗透率，围绕提升基础金融服务覆盖面、推动城乡资金融通等乡村振兴的重要环节，积极创新金融产品和服务方式。三是强化农村中小金融机构支农主力军作用，规范农村中小金融机构公司治理，使其坚持服务县域、支农支小的市场定位，保持县域农村金融机构法人地位和数量总体稳定，增加农村金融资源有效供给，改善对低收入群体（包括多数新脱贫人口）的普惠金融服务供给。四是明确规定各金融机构在其自身或者其他公开网站定期公布普惠金融服务状况，比如对农户（含贫困户）、现代农业经营主体和中小微企业的贷款笔数、户数和金额。五是加快发展具有一定地理覆盖面的、真正意义的合作金融组织，其初级组织虽然是合作金融组织，但其上层可以是由上而下持股的股份制架构。六是鼓励发展更多的农业商业性保险、相互保险和合作保险机构，鼓励外国保险公司进入这个领域。从德国的经验看，农业保险没有政府补贴也能做到商业可持续，所以，这些保险机构均应该平等获得提供政府补贴政策性农业保险的机会。

其次，进一步完善农村金融基础设施和配套机制建设。一是建立健全政府性融资担保和风险分担机制，发挥农业信贷担保体系、农业保险、农业保险保单质押、保证保险、农产品期货市场、债券市场、资本市场等多元金融工具的作用，弥补农业收益低、风险高、信息不对称的短板，促进金融资源回流农村。二是推动数字技术在农村金融领域的应用推广，规范互联网金融在农村地区的发展，积极运用大数据、区块链等技术，创新农村经营主体信用评价模式，在有效做好风险防范的前提下，逐步提升发放信用贷款的比重。三是完善农村支付体系。加速推进清算网络在农村地区的覆盖，大力普及结算账户，依托农村养老、医疗、财政补贴、公用事业等代理项目按需发卡，并大力推动"一卡多用、一卡通用"；支持金融机构和支付机构研发适合农村特点的网上支付、手机支付业务，打造一系列便民金融电商服务平台。四是加快推进农村信用体系建设，全面开展信用乡镇、信用村、信用户创建活动。由政府部门联合农村基层组织、金融机构、信用评级机构等协同工作，多渠道采集农户、家庭农场、农民专业合作社等生产经营主体的信用信息，建立完善集信息共享、信用培植、中介服务、政策扶持、金融支持等于一体的网络服务平台，为金融机构及相关各方提供信息服务。引导金融机构将信用评价结果纳入信贷管理之中，推动地方政府加大对信用户、信用村镇的支持力度，促进农村地区信息、信用、信贷联动，不断提高农村地区各类经济主体的信用意识，优化农村金融生态环境。

参考文献

阿玛蒂亚·森：《贫困与饥荒》，商务印书馆，2001。

白描：《中国脱贫攻坚现状、问题与对策》，《中国社会科学院城乡发展一体化智库专报》2019年第12期。

崔红志：《乡村振兴与精准脱贫的进展、问题与实施路径》，《中国社会科学院城乡发展一体化智库研究专报》2018年第10期。

戴云：《"四方五共"工作法推动脱贫攻坚》，《学习与研究》2018年第2期。

董翀、冯兴元：《统筹衔接脱贫攻坚与乡村振兴战略政策资金的使用》，《中国社会科学院城乡发展一体化智库研究专报》2020年第14期。

杜鑫：《我国农村金融改革与创新研究》，《中国高校社会科学》2019年第5期。

国家统计局：《中国统计年鉴2017》，中国统计出版社，2017。

国家统计局住户调查办公室：《2017中国农村贫困监测报告》，中国统计出版社，2017。

邯郸市统计局、国家统计局邯郸调查队：《邯郸统计年鉴

2017》，中国统计出版社，2017。

李培林、魏后凯:《中国扶贫开发报告（2016）》，社会科学文献出版社，2016。

李培林、魏后凯、吴国宝:《中国扶贫开发报告（2017）》，社会科学文献出版社，2017。

梁晨:《产业扶贫项目的运作机制与地方政府的角色》，《北京工业大学学报》（社会科学版）2015 年第 5 期。

魏后凯:《2020 年后中国减贫的新战略》，载魏后凯、吴大华主编《精准脱贫与乡村振兴的理论和实践》，社会科学文献出版社，2019。

向德平、黄承伟:《中国反贫困发展报告（2014）——社会扶贫专题》，华中科技大学出版社，2014。

向德平、黄承伟:《中国反贫困发展报告（2015）——市场主体参与扶贫专题》，华中科技大学出版社，2015。

徐翔、刘尔思:《产业扶贫融资模式创新研究》，《经济纵横》2011 年第 7 期。

张云华、伍振军、周群力、殷浩栋:《统筹衔接脱贫攻坚与乡村振兴的调查与启示》，《开放导报》2019 年第 4 期。

Easterlin R. A., "Does Economic Growth Improve the Human Lot? Some Empirical Evidence", in Paul A. David and Melvin W. Reader (eds.) *Nations and Households in Economic Growth: Essays in Honor of Moses Abramovitz,* New York: Academic Press, Inc., 1974, pp. 89–126.

Easterlin R. A., L. A. Mcvey, M. Switek, O. Sawangfa, and J. S. Zweig., "The Happiness - income Paradox Revisited", *Proceedings of the National Academy of Sciences* 107(52), 2010: 22463–22468.

Easterlin R. A., R. Morgan, M. Switek, and F. Wang., "China's Life Satisfaction, 1990 – 2010", *Proceedings of the National Academy of Sciences* 109(25), 2012: 9775–9780.

后 记

　　为更好地发挥中国社会科学院作为党和国家思想库、智囊团的重要作用，加强对重大问题的国情调研，2016 年中国社会科学院组织实施了国情调研特大项目"精准扶贫精准脱贫百村调研"。开展百村调研的目的在于及时了解和展示我国当前处于脱贫攻坚战最前沿的贫困村的贫困状况、脱贫动态和社会经济发展趋势，从村庄脱贫实践中总结我国当前精准扶贫和精准脱贫的经验教训，为进一步推进精准脱贫事业提供经验和政策借鉴。

　　中国社会科学院国情调研特大项目"精准扶贫精准脱贫百村调研"子课题"河北省大名县双台村"课题组于 2017 年 8 月 13 日至 8 月 18 日在河北省大名县大街镇双台村开展了扶贫工作调研。此次调研的主要内容包括双台村经济社会发展状况、贫困状况及其演变、贫困的成因、减贫成效、脱贫和发展思路及建议等。参加此次调研的课题组成员包括中国社会科学院农村发展研究所杜鑫副研究员，中国社会科学院农村发展研究所王昌海副研究员，西南林业大学硕士研究生陈甲、刘志、徐艺宁，北京林业大学肖靖仪、乌日汗、张寒玥等同学。调研工作结束后，课题组开展了调研工作资料整理和问卷调查数据清理工作，并完成了本调研报告的撰写工作。

在本次调研工作中，国务院发展研究中心派驻河北省大名县扶贫工作队、大名县政府、县扶贫办、大街镇党委和政府、双台村村委会给予了大力支持和热情帮助，特别是国务院发展研究中心驻河北省大名县扶贫工作队负责人段炳德，双台村村委会党支部书记、村委会主任吕保生对本次调研工作提供了巨大帮助，课题组对此表示真诚的感谢。同时，课题组对于中国社会科学院科研局与百村调研项目协调办公室在课题调研及调研报告写作中所给予的指导和帮助表示由衷的谢意，向奋斗在双台村脱贫攻坚第一线的广大干部群众致以崇高的敬意！

课题组

2020 年 8 月

图书在版编目（CIP）数据

精准扶贫精准脱贫百村调研. 双台村卷：社会扶助
下的产业脱贫之路 / 杜鑫，王昌海著. --北京：社会
科学文献出版社，2020.10
　　ISBN 978-7-5201-7523-4

　　Ⅰ.①精…　Ⅱ.①杜…②王…　Ⅲ.①农村－扶贫－
调查报告－大名县　Ⅳ.①F323.8

中国版本图书馆CIP数据核字（2020）第209327号

· 精准扶贫精准脱贫百村调研丛书 ·

精准扶贫精准脱贫百村调研·双台村卷
　　——社会扶助下的产业脱贫之路

著　　者 / 杜　鑫　王昌海

出 版 人 / 谢寿光
组稿编辑 / 邓泳红
责任编辑 / 张　超

出　　版 / 社会科学文献出版社·皮书出版分社（010）59367127
　　　　　　地址：北京市北三环中路甲29号院华龙大厦　邮编：100029
　　　　　　网址：www.ssap.com.cn
发　　行 / 市场营销中心（010）59367081　59367083
印　　装 / 三河市尚艺印装有限公司

规　　格 / 开　本：787mm×1092mm　1/16
　　　　　　印　张：10.25　字　数：77千字
版　　次 / 2020年10月第1版　2020年10月第1次印刷
书　　号 / ISBN 978-7-5201-7523-4
定　　价 / 59.00元

本书如有印装质量问题，请与读者服务中心（010-59367028）联系

▲▲ 版权所有　翻印必究